MÉMOIRE

COURONNÉ

PAR LA SOCIÉTÉ ROYALE
DE MÉDÉCINE DE PARIS,

Dans lequel, après avoir expofé les idées générales que l'on doit fe former fur la nature de la fievre, & fur celle des maladies chroniques, on tâche de déterminer dans quelles efpeces & dans quel temps des maladies chroniques la fievre peut être utile ou dangereufe, & avec quelles précautions on doit l'exciter ou la modérer dans leur traitement ?

Par M. Dumas, Docteur en Médecine de *l'Univerfité de Montpellier*, Affocié correfpondant de la Société royale des Sciences de la même Ville.

A MONTPELLIER;
De l'Imprimerie de Jean-François Picot, feul Imprimeur du Roi & de la Ville.

M. DCC. LXXXVII.

AVERTISSEMENT.

MON deſſein n'eſt pas d'abuſer d'un Avertiſſement pour avoir occaſion de faire l'éloge du ſujet ſur lequel roule ce Mémoire; ce que j'en dirois ne rendroit pas meilleure la maniere dont je l'ai traité. Ceux qui ſavent juger des choſes trouveront dans cette queſtion, une ſource abondante & précieuſe de lumieres pour la Médecine qui la propoſe, & un travail difficile & glorieux pour le Médecin qui entreprend de la réſoudre. Il y aura peu de mal ſi les autres s'en forment une idée différente.

Mon intention eſt encore moins de prévenir le Lecteur ſur la confiance qu'il doit donner aux idées d'après leſquelles j'ai tâché de répondre à cette queſtion épineuſe: le développement de mes preuves, l'enſemble de faits pratiques qui leur ſert de baſe, les autorités reſpectables ſur leſquelles je m'appuye, ſuffiront pour ceux qui ſont capables d'en apprécier la valeur. Je parle des Médecins ſages & honnêtes, qui voudront bien apporter à cette appréciation un eſprit libre de préjugés, & un

cœur complettement vuide d'amertume &
de fiel. Les autres peuvent se dispenser
de me lire, ce n'est pas pour eux que
j'écris, & il m'importe fort peu qu'ils
m'approuvent ou qu'ils me blâment. Il est
des hommes indifférens de qui l'opinion
ne peut tourner ni au profit ni au désa-
vantage de l'amour propre. Le suffrage
de la Société royale, dont certaines gens
s'efforcent vainement d'affoiblir le poids,
suffit à mon orgueil en même-temps qu'il
ajoute à ma conviction.

Cependant, les témoignages d'estime
que j'ai reçu de la Société, l'honneur
qu'elle m'a fait en m'admettant à partager
le prix avec un homme qui, par ses travaux littéraires, mérite d'occuper une place
distinguée dans la république des sciences (1); cette ivresse des premiers succès
qu'éprouve dans toute sa plénitude une
jeune tête que l'habitude n'a point encore

_____

(1) M. *Pujol*, connu par plusieurs couronnes
obtenues dans la même Société, est l'auteur de l'un
des Mémoires *entre lesquels il lui a paru juste de
partager le prix*. Ce jugement de la Société m'a
été annoncé par M. Vicq-d'Azir, en ces propres
termes : je laisse deviner le motif qui m'engage à
placer ici cette note, qui seroit sans doute inutile
& vaine pour tout autre que moi.

flétrie fur ces fortes de jouiffances ; cet enthoufiafme naturel qui accompagne toujours le bruit de l'impreffion, & dont il eft bien difficile d'écarter les premiers preftiges, tout cela ne m'auroit jamais déterminé à foumettre mon Mémoire au jugement févere du public, fi je n'y avois été pouffé par les follicitations de l'amitié, dont la voix confolante a fur un cœur fenfible plus de puiffance, que la gloire même n'a de délices pour une ame qui n'y eft point encore préparée. Inftruit par l'expérience à me défier de mes propres forces, je m'étois armé d'avance pour réfifter au plaifir d'être perfuadé par mes amis. Je n'ofe rifquer, leur difois-je, des frais confidérables d'impreffion que mon ouvrage ne vaut feulement pas, & dont je défefpere être jamais dédommagé par le mince débit qui pourra s'en faire dans le petit nombre de ceux auxquels mes foibles productions infpirent un intérêt réel. Mes amis, dont le zele eft au-deffus de tous les obftacles, leverent bientôt cette difficulté, qui me paroiffoit fans repliques, & ils prévinrent toutes les miennes en propofant une foufcription, qui fut accueillie par plufieurs perfonnes de l'art, avec une bonté que ma mémoire ne me rappellera jamais, fans ouvrir mon

cœur à toutes les illusions d'une vanité
qu'elle rend pardonnable , & d'une assu-
rance qu'elle autorise. Je pourrois nommer
parmi celles-là plusieurs Médecins célebres , dont le nom seul seroit un éloge.
Mais c'est avec une satisfaction bien douce,
une jouissance bien sentie, que j'ai vu les
Etudians en Médecine de Montpellier ,
(auxquels je resterai toute ma vie attaché
par les plus délicieux souvenirs) faciliter
l'exécution d'un projet , dont je dois la
réussite entiere au zele de ce Corps inté-
ressant , à qui le goût irrésistible pour les
moyens d'instruction de tout genre, donne
une supériorité si frappante sur tous les
autres Corps de jeunes gens , qu'il seroit
bien difficile d'en désigner un seul qui
méritât de lui être comparé (1). Enfin ,
ce projet , présenté & soutenu avec tant
d'avantage , n'a été contrarié que par

(1) Ce Corps , si injustement décrié , si peu
connu , si mal jugé , feroit encore aujourd'hui la
surprise & l'admiration du grand *Rousseau*, qui
porta autrefois sur lui un jugement plein de sagesse
& de vérité : *je puis assurer* , dit-il, *que malgré
la mauvaise réputation des Étudians , je trouvai
plus de mœurs & d'honnéteté parmi toute cette
jeunesse , qu'il ne seroit aisé d'en trouver dans
le même nombre d'hommes faits.* Conf. , tom. 2 ,
pag. 164.

deux ou trois perſonnes , accoutumées à trouver dans les intérêts de leur amour propre, des motifs pour redouter les progrès de la ſcience , & pour oppoſer des obſtacles continuels à tout ce qui peut les favoriſer.

On s'attend peut-être à remarquer dans cet Ouvrage des principes hypothétiques, arbitraires & incapables d'élever le Médecin juſqu'à la pratique de ſon art. C'eſt là une de ces imputations miſérables, qui forment le dernier retranchement des hommes dont la philoſophie intolérante s'irrite & ſe révolte contre tout ce qui n'eſt point conforme aux idées qu'ils font profeſſion de défendre, je ne ſais pourquoi. Je crois m'être ſuffiſamment mis à l'abri de leur colere, en laiſſant de côté toutes les conſidérations purement ſpéculatives , tous les objets de ſimple théorie , pour ne m'attacher qu'à la recherche des faits dont je ne déduis des principes qu'en forme de corollaires & de conſéquences. La nature de mon ſujet n'étoit pas ſuſceptible de ſe prêter au génie verſatile & arbitraire d'une hypotheſe ; & je n'ai d'ailleurs ni l'adreſſe ni la volonté de mettre à profit une diſpoſition pareille , ſi elle ſe rencontroit par haſard dans une autre matiere ; car perſonne ne hait plus que moi l'eſprit d'hypothefe qu'on a fauffement voulu confondre avec l'eprit de fyftéme qui lui eft diamétralement oppofé, puifque dans le langage de la bonne philofophie *fyftême* & *méthode* font deux expreffions fynonymes qui défignent précifément les mêmes chofes.

Je me flatte d'avoir réuffi à développer la véritable doctrine médicinale, que j'ai dégagé autant qu'il m'a été poffible, de toutes les prétentions inutiles, étrangeres & hafardées, au joug defquelles elle eft long - temps demeurée affervie. Je l'ai toujours fait marcher de niveau avec la doctrine d'*Hippocrate*, qui fut celle des anciens fages, qui la tenoient immédiatement de la nature, & qui l'ont tranfmife au petit nombre de vrais Médecins, dont la Médecine peut encore s'honorer aujourd'hui. Mais l'efprit des modernes, pour qui la noble fimplicité de nos premiers maîtres n'a rien de touchant, femble avoir pris à tâche de cacher l'évidence & la pureté de leurs principes, fous l'étonnante obfcurité des conceptions les plus vaines & les plus ridicules. C'eft à jufte titre que l'on appliqueroit aux Médecins de notre fiecle, ce que l'ingénieux *Fontenelle* difoit des Philofophes de fon temps : *rien n'eft plus nouveau pour nous que les anciens.*

Avouons-le cependant à la gloire de

l'Univerſité de Montpellier, elle renferme dans ſon ſein un homme qui a ſu lire, qui a ſu méditer les ouvrages des anciens, pour y prendre tout ce qu'ils ont d'utile & de réellement applicable à la Science en général, & à la Médecine en particulier; un homme capable d'achever la réforme dont la métaphyſique des connoiſſances médicinales a beſoin depuis long-temps, & dont la pratique retireroit des avantages d'une eſtimation impoſſible; un homme de qui les leçons ne peuvent laiſſer exempts d'enthouſiaſme, les eſprits faits pour les recevoir, avec cette force & cette netteté qui donnent à ſes principes un caractere d'évidence que l'on rencontre rarement en Médecine. Cet homme eſt M. *de Grimaud*, mon maître & mon ami...... *de Grimaud*, homme rare par le génie & par le cœur !

En publiant tout ce que je dois à ce grand Profeſſeur, je me ſens ramené vers un autre objet éternel de ma gratitude & de mon reſpect, M. *Vigarous*, dont les travaux, heureuſement d'accord avec ceux de ce dernier, concourent de la maniere la plus avantageuſe & la plus utile pour la ſcience, à l'inſtruction générale & à la gloire de l'Univerſité.

J'ai placé quelques notes dans le courant

de mon Mémoire ; j'ai même ajouté au
texte depuis le jugement de la Société
royale ; mais ces légers changemens n'alterent en rien ce qu'il contenoit dans le
principe ; & je prendrai d'ailleurs le foin
de les indiquer à mefure qu'ils fe préfen-
teront, en renfermant entre deux paren-
thefes tout ce qui ne fe trouve pas dans
mon manufcrit.

MÉMOIRE

Sur la queſtion propoſée par la Société royale de Médecine de Paris , en ces termes :

Déterminer dans quelles eſpeces & dans quel temps des maladies chroniques la fievre peut être utile ou dangereuſe , & avec quelle précaution on doit l'exciter ou la modérer dans leur traitement ?

Multa pertranſibunt & ſcientia augebitur.

BACON.

L'IMPORTANCE de la queſtion dont je dois m'occuper dans ce Mémoite , m'annonce que je vais parler à des Médecins ſages & vraiment philoſophes , qui ſentent la néceſſité de montrer dans toute ſon étendue le pouvoir indéfini de la nature , d'apprécier la valeur de ſes droits , de faire voir la variété des reſſources qu'elle tire de ſon propre fonds , de reſpecter le développement régu-

lier & ordonné des actes par lesquels elle opere la
confervation du corps, foit qu'elle entretienne paifiblement & fans effort l'exercice des fonctions qui
fe développent dans l'état d'une fanté ferme &
vigoureufe, foit qu'elle dirige des moyens plus énergiques & plus puiffans contre les caufes de deftruction qui la menacent, & de nous amener enfin à
l'ufage d'un procédé médicinal, qui, parfaitement
d'accord avec la maniere dont elle agit, ne fait que
la folliciter à des mouvemens femblables, ou du
moins analogues à ceux qu'elle a coutume d'établir
& de diriger contre les caufes réelles des maladies.

: Il eft encore une vérité digne de fournir matiere
aux méditations du Médecin philofophe, & fur
laquelle la queftion propofée par la Société doit
jeter un nouveau jour, c'eft que la maladie confidérée du côté de la nature, confifte dans un appareil d'efforts, qui a pour objet d'écarter loin du
corps les caufes de léfion dont il eft atteint, de
fecouer les impreffions défagréables, fouvent même
douloureufes qu'il en reçoit, de diffiper les accidens que cette caufe traîne à fa fuite, & de rétablir enfin dans le corps l'ordre de mouvemens qui
marque, arrête & fixe fon exiftence & fa durée,
en même-temps qu'il regle la marche fucceffive,
conftante & non-interrompue de fes fonctions.
*Natura eft morborum medicatrix, luctam init illa
cum materiis morbificis, vias ipfas fibi facit &
motus producit,* Hip. 6 epid., lect. 5. En forte
qu'en modifiant les idées de *Van-Helmont*, de
Campanella, de *Sydenham*, de *Sthaal* & de
quelques anciens, nous pourrions dire que la maladie, prife dans toute fa généralité, eft un acte
falutaire de la nature, auquel elle fe trouve invitée
par l'impreffion d'une caufe nuifible & meurtriere,

mais qui , une fois mis en jeu , tend toujours à la
confervation du corps , vers laquelle il fe porte
d'une maniere néceffaire ; en effet , fi la fievre peut
feule & par elle-même fournir aux maladies un
moyen de terminaifon heureufe , & fi la nature
peut , en décidant la fievre , fe ménager une voie
de guérifon , il eft clair que fi d'un autre côté elle
pouvoit exciter la fievre dans toutes les efpeces
poffibles de maladies , il n'y en auroit aucune qui
fût invinciblement liée à la deftruction du corps ,
& qui ne trouvât dans elle-même un fecours pro-
portionné à la violence de la caufe qui l'entretient,
& à l'intenfité des fymptômes dont elle s'accompagne.

Il eft bon de remettre de temps en temps le
Médecin dans la véritable route qu'il abandonne ,
& de le rappeller quelquefois à fa deftination premiere dont il s'écarte trop fouvent ; il eft bon de
lui répéter avec opiniâtreté que fon pouvoir , borné
à interpréter les loix de l'économie vivante , ne
s'étend point à lui en prefcrire de nouvelles ; que
la nature , ennemie de la contrainte , échappe
à qui veut lui donner des entraves ; que pour aller
d'un pas égal avec elle au but qu'elle fe propofe,
il faut fuivre fidellement fa marche fans la dévancer
jamais ; que l'art ne peut rien fur elle s'il ne lui
refte conftamment affervi , & qu'au contraire , il
devient vraiment maître de fes efforts lorfque fon
miniftere , entiérement fubordonné aux deffeins de
la nature , fe forme & fe regle d'après les intentions
pures & faines qui la dirigent.

Ce principe faifoit le dogme fondamental de la
doctrine d'*Hippocrate* , *Medicus naturæ minifter
non imperator* , & c'eft le feul qui fe foit foutenu
fans altération , à travers les ruines des hypothefes

nombreufes qui ont retardé les progrès de la Médecine, & dont l'étonnante fucceffion fera la gloire des anciens, la honte des modernes & le découragement de ceux qui viendront après. Il eft bien remarquable que les premieres idées générales, auxquelles fe font élevés les obfervateurs Médecins, paroiffent être les plus faines, les plus raifonnables & les plus complétement dégagées d'erreurs.

C'eft donc à ce principe primitif & invariable, qu'il faudroit rapporter toutes nos connoiffances; c'eft lui que nous devrions prendre pour la mefure des vérités médicinales, & pour la regle unique d'après laquelle il nous eft donné de connoître les rapports de liaifon qui exiftent entre la théorie & la pratique, & qui rendent l'une plus ou moins applicable à l'autre, felon qu'elles femblent émaner toutes deux de ce principe, d'une maniere plus ou moins rigoureufe.

Or, ces deux fources de nos connoiffances médicinales, ainfi réunies & confondues, tombent fur les mêmes points d'utilité, tendent aux mêmes fins, vont au même but, & nous affurent par conféquent l'efficacité des moyens que la Médecine comprend dans toute l'étendue de fon domaine. Mais pour cela, il faut circonfcrire & fixer les limites de ces moyens; il faut les diftinguer nettement des reffources propres à la nature, fur lefquelles l'art n'a prefque point de prife, & dont il n'approche jamais que par voie d'analogie & de comparaifon. Il ne feroit pas difficile de prouver que les fecours les moins équivoques & les mieux entendus, dont la Médecine puiffe fe glorifier, font des imitations heureufes, des procédés que la nature met en ufage dans des circonftances analogues; & celui-là ne feroit pas un Médecin ordinaire qui pourroit furprendre la nature au moment où elle prépare & développe une maladie , & la fuivre jufqu'au point où elle commence à en opérer la folution, pour faifir d'une maniere nette & précife l'enfemble de moyens dont elle dirige fûrement l'action vers la fin qu'elle fe propofe dans chaque circonftance ; & en effet, la nature & l'art ayant pour fin commune la confervation du corps , commis à leurs foins , ils doivent agir de concert , fe comporter d'après les mêmes vues , & marcher d'un commun accord vers le but unique & fimple qui leur eft prefcrit , de maniere que les moyens employés par l'un , foient le plus fouvent des répétitions réfléchies de ceux dont l'autre fait ufage pour produire les mêmes effets : & voilà pourquoi rien ne contribue avec plus d'avantage à éclairer le traitement d'une maladie que la connoiffance des moyens naturels de folution qu'elle affecte ; en forte que les méthodes curatives les plus efficaces & les plus fûres, font en même-temps celles qui rentrent le mieux dans les voies de guérifon que la nature s'eft impofée de fuivre.

L'ordre fuivant lequel fe fuccedent les phénomenes conftitutifs d'une maladie, embraffe néceffairement une partie des actes falutaires qui la mettent en voie de folution, & qui lui procurent une terminaifon heureufe. La plupart de ces phénomenes en effet, forment un enfemble, un fyftême d'efforts , dont l'action fe dirige toujours fûrement contre la caufe de la maladie , & dont la marche fucceffive eft toujours difpofée de maniere qu'elle tend à faciliter le rétabliffement de la fanté. Mais d'un autre côté, ces phénomenes fe trouvent liés & combinés avec d'autres actes deftructeurs, qui agiffent en fens contraire, & qui font incliner la maladie à la mort , en rendant les premiers inutiles ou impuiſſans. Il nous importe également de connoître l'une & l'autre claſſe de ces phénomenes, & de poſer entr'eux des limites qui puiſſent ſervir à nous en dévoiler les véritables rapports.

Ce ſeroit donc une entrepriſe importante & digne des ſages auxquels je m'adreſſe, que celle qui auroit pour objet de diſtinguer parmi les phénomenes d'une maladie, ceux qui entrent dans le ſyſtême des moyens que la nature emploie & dirige conrr'elle, de les oppoſer à ceux qui la chargent de ſymptômes allarmans, & qui tendent à lui imprimer un caractere ſenſible de malignité; d'aſſigner le rapport ſous lequel ces phénomenes s'aſſemblent & ſe combinent; de marquer à chacun d'eux le rang qu'il doit occuper dans la deſcription d'une maladie, & l'attention qu'il mérite de la part du Médecin dans l'ordre naturel des indications curatives; de meſurer l'étendue des biens ou des maux que l'on doit en attendre; de rechercher l'influence réciproque des uns ſur les autres, en les circonſcrivant néanmoins par des limites poſées d'une maniere invariable; de fixer les relations de dépendance dans leſquelles ils ſont les uns à l'égard des autres; de ſuivre avec exactitude tous les changemens, toutes les transformations qu'ils ſubiſſent; de noter les circonſtances qui vont à altérer, à aggraver & à rendre dangereux des ſymptômes bons en euxmêmes, mais qui deviennent nuiſibles, par cela ſeul qu'ils tombent ſous tel concours de circonſtances, plutôt que ſous tel autre; & d'aſſigner enfin, dans le ſyſtême entier des maladies, les ſymptômes qui conviennent ou qui nuiſent à chaque eſpece, & dans la durée totale d'une même maladie, ceux qui peuvent influer d'une maniere avantageuſe ou funeſte, ſur chacun des temps dont elle eſt compoſée.   Maintenant

Maintenant , de tous les phénomenes capables de produire de grandes révolutions dans la nature d'une maladie , & de contribuer puiſſamment à décider la maniere heureuſe ou malheureuſe, dont elle ſe termine , il n'en eſt aucun qui jouiſſé d'une puiſſance auſſi étendue que la fievre, & qui ait une influence auſſi marquée & auſſi certaine ſur la conduite du Médecin , ſoit pour lui indiquer l'inſtant où il doit agir , & réprimer dans la nature une activité ſurabondante qui la ſollicite à des efforts vicieux , & qui lui fait tourner contre elle-même un ſurcroît de forces dont l'art dirigeroit mieux le développement & l'emploi , ſoit pour lui aſſigner le temps où il doit ſe renfermer dans les bornes d'une expectation prudente , & laiſſer à la nature la liberté de mettre à profit un reſte d'activité néceſſaire , dont l'art acheveroît bientôt d'étouffer le germe par une précipitation aveugle. La fievre eſt donc le ſymptôme par lequel on devroit commencer l'examen dont nous propoſons ici le plan , & c'eſt ſur elle particuliérement que doivent s'arrêter les conſidérations du Médecin, lorſqu'il s'agit de rechercher ce que la nature fait pour l'événement heureux ou malheureux d'une maladie.

La Société royale nous propoſe aujourd'hui d'établir des principes pour appuyer nos connoiſſances ſur ce point , c'eſt à-dire , qu'elle nous demande non-ſeulement de déterminer d'abord quelles ſont dans la claſſe entiere des maladies chroniques , celles qui ont des avantages ou des dangers à attendre de la fievre , & d'aſſigner enſuite quels ſont , dans le cours total d'une même maladie , les temps pour leſquels ce ſymptôme ſeroit favorable ou funeſte ; mais elle exige de plus , que nous lui donnions des regles poſitives & cer-

B

taines , d'après lesquelles nous puiſſions nous conduire, toutes les fois qu'il s'agit d'exciter ou de
modérer la fievre dans le traitement des maladies
déſignées. Cette queſtion embraſſe l'hiſtoire entiere
des maladies chroniques , & il eſt aiſé de voir que
malgré ſon importance, elle a été bien mal éclaircie
juſqu'à préſent, parce que l'on a négligé de remonter aux principes , & de ſe former des idées juſtes
ſur les effets généraux de la fievre , avant d'en
tirer des conféquences relatives aux maladies qu'elle
accompagne communément , parce que l'on n'a
point aſſez étudié la fievre dans ſes différentes
eſpeces , & que l'on s'eſt mis hors d'état de ſaiſir
& de diſtinguer ce que la fievre fait par elle-même ,
d'avec ce qu'elle produit à raiſon des différentes
cauſes qui la modifient diverſement , & qui la
diviſent en pluſieurs eſpeces eſſentiellement diſtinctes
les unes des autres ; d'où il eſt arrivé que les
Auteurs ont noté certains effets de la fievre , ſans
en appercevoir d'autres qui co-exiſtoient également
avec elle , & qu'ils ont dès-lors ſéparés & déſunis
des choſes dont la liaiſon étoit bien évidente , &
dont la production devoit viſiblement être rapportée
à un principe identique & commun. Ainſi , pour
répondre à l'intention de la Société royale , il faudra
donc conſidérer la fievre d'une vue générale, iſolée ,
& indépendamment des maladies qu'elle accompagne pour l'ordinaire ; examiner chacun de ſes
phénomenes , ſéparé & détaché de tous ceux
auxquels il ſe trouve lié dans la génération d'une
même maladie ; déterminer enſuite quels ſont les
rapports ſous leſquels l'enſemble de ces phénomenes,
qui conſtituent le ſymptôme fébrile en géneral, peut
être avantageux ou nuiſib'e , & de ces différens
rapports , former un tableau qui puiſſe s'appliquer

aux différentes efpeces de maladies chroniques, &
aux circonftances indéfiniment variées des mêmes
efpeces.

Afin de remplir avec plus d'exactitude , de précifion & de clarté , toutes les parties du deffein
dont je viens de tracer le plan , & dont la vafte
étendue me permettra de faifir & d'embraffer la
queftion fous toutes les faces qu'elle préfente , je
diviferai ce Mémoire en trois parties.

1°. Dans la premiere partie j'expoferai mes idées
générales fur la fievre , & fur la nature des maladies
chroniques , ayant toujours en vue de montrer
comment les mouvemens fébriles peuvent influer
fur la caufe réelle de celles qui, parmi ces maladies,
font évidemment affujetties à reffentir leur influence
& leur pouvoir. 2°. La feconde contiendra l'application de ces principes généraux , & j'y examinerai
précifément *dans quelles efpeces & dans quel temps
des maladies chroniques la fievre peut être utile
ou dangereufe.* 3°. Enfin , la derniere établira des
regles de précaution & de prudence , d'après lefquelles un Médecin doit fe conduire pour exciter
ou modérer la fievre au befoin. Voilà ce que la
Société royale demande , & ce que je me
propofe d'éclaircir dans ce Mémoire. Mon fujet
n'étant point lié au fort mobile des opinions , je
tâcherai de prendre un langage qui convienne
également à toutes les fectes , & tel qu'il doit
être pour honorer la vérité, dont l'inviolable amour,
fuivant une belle idée de M. *Sims* , doit compofer
la religion du Médecin. Si je m'écarte un inftant de
ce but louable , j'y ferai bientôt ramené par les
lumieres de ceux à qui je vais parler.

PREMIERE PARTIE.

IDÉES générales sur la fievre & sur la raison finale de ses mouvemens. Définitions de la fievre. Nécessité d'en donner une description exacte. Description de ses phénomenes principaux. Rapport de ces phénomenes avec ceux des maladies nerveuses. Utilité de la fievre concomittante, relativement aux maladies qu'elle accompagne. Comparaison des maladies aiguës aux maladies chroniques, &c.

AVANT de déterminer les effets avantageux ou nuisibles que produisent les mouvemens fébriles par rapport à certaines especes & à certains temps des maladies chroniques, & de développer les précautions avec lesquelles ces mouvemens doivent être excités ou modérés, il est de la plus grande importance que nous nous formions des idées justes & précises sur la maniere dont il faut considérer & concevoir l'ensemble des phénomenes particuliers à la fievre, & sur la nature réelle des maladies à la destruction desquelles ces phénomenes peuvent s'appliquer.

On a beaucoup écrit sur la fievre ; on écrit beaucoup encore tous les jours, & cependant nous sommes, ainsi qu'autrefois, réduits à demander ce qu'elle est. Si en prenant ce mot dans le sens le plus étendu, & en remontant à son étymologie la plus probable, nous voulions entendre en général par fievre, tout acte de la nature qui a pour objet de purifier le corps, & de *chasser loin de lui les germes de mort qui flottent dans son sein*, il seroit inutile de chercher à marquer les limites de ses avantages, puisque d'après cette signification ils devroient se trouver indistinctement départis à toutes les circonstances des maladies susceptibles de ressentir l'influence salutaire de la nature, & de gagner par ses secours, sans avoir rien à perdre par ses erreurs. Or, c'est là le cas de toutes les maladies prises dans leur état primitif, & jusqu'à ce qu'elles soient dénaturées, dérangées par l'action des causes extérieures, & par les vices de traitement qui tendent sans cesse à troubler l'ordre & la régularité de leur marche primordiale.

Mais cette prétention outrée sur la raison finale des mouvemens fébriles, nous mene à deux erreurs grossieres, contre lesquelles il nous importe également d'être prémunis. La premiere, est de comprendre dans la même classe des actes essentiellement différens par la maniere dont ils procedent, quoique parfaitement semblables par l'objet unique de la conservation du corps, vers lequel convergent tous les actes de la nature. La seconde, est de n'envelopper qu'une partie des rapports sous lesquels la fievre peut & doit être considérée. Il ne faut pas croire en effet que la fievre soit le seul moyen de conservation qui puisse être opposée à l'action des causes destructives des maladies. Nous devons reconnoître que la nature agit le plus souvent par des procédés sur lesquels il ne nous est permis de former aucune conjecture raisonnable, & qu'il est dès-lors absurde de vouloir confondre indifféremment sous la dénomination générale de fievre, toutes les ressources qu'elle tient sous la dépendance infinie de fa puiffante activité. Ainfi, toutes les fois que la fubftance même du corps dégénere par la force de certaines altérations furvenues à la craffe des humeurs, ou à la matiere qui compofe le fond des organes, il réfulte de ces dégénérations des maladies qui, malgré la diverfité de leur nature, ont néanmoins cela de commun, qu'elles reconnoiffent pour caufe une matiere hétérogene, nuifible, étrangere au corps, dans la compofition duquel elle ne peut entrer, & qui dès-lors a befoin d'être attaquée dans fa nature intrinfeque, & d'éprouver le travail de la coction, dont l'effet eft de l'altérer, de la transformer, & de la charger enfin de propriétés qui, au moins en général, la rapprochent de celles que poffede le corps ; & ce travail fe fait indépendamment de tout effort fébrile, & d'une maniere qui échappe à nos conceptions, & qui furpaffera toujours la fphere étroite de notre intelligence. Les Médecins praticiens favent que la coction peut avoir lieu dans des maladies qui ne s'accompagnent d'aucun figne manifefte de fievre, & réciproquement ils reconnoiffent que la fievre peut fe foutenir au même degré de vigueur, fans apporter le plus léger changement à la dégénération des humeurs, lefquelles fubfiftent donc dans leur état de crudité maladive, fans éprouver les moindres apparences de coction, malgré la permanance & la continuité des mouvemens fébriles, qui font dès-lors infuffifans pour amener la nature à mettre en acte cette opération majeure, que fuppofe toujours la deftruction complette des maladies humorales.

(La coction eft dans le fait fi peu dépendante de la fievre, qu'*Hippocrate*, en recherchant quelles

font les caufes capables de la décider ou de la
rendre au moins plus prompte & plus facile, n'en
parle feulement pas, & il réduit ces caufes à trois
principales, dont une des plus confidérables eft
fans contredit la chaleur innée ou le principe de
la vie, qui s'efforce de rétablir les humeurs dans
leur état naturel, & dans la poffeffion des qualités
qu'elles ont perdues, *quam quidem particulam, dùm
ad naturalem ftatum reducere conatur infitus calor,
concoctionem in ipfis humoribus fimùl & femel in-
troducit, &c.* dit Profp. Mart. *dans le com. de ce
paffage d'*Hippocrate, *pag.* 300. Il femble en
effet, que la coction étant ce que la nature oppofe
à la crudité, pour la combattre d'une maniere
directe, elle doit s'exercer fur le même objet
(c'eft-à-dire, fur la dégénération fpécifique qui
détermine la maladie), conftituer un phénomene
du même ordre, & fe rapporter à une caufe particuliere, qui jouiffe par conféquent, comme la
fienne, d'une exiftence réelle & pofitive. *Hippocrate*,
en faifant l'énumération des maladies qui fe guériffent par l'intermede de la coction, infifte principalement fur les fievres qu'il regarde comme celles
qui ont le plus d'avantages à retirer de cet acte
falutaire; en forte que dans fes principes la coction agit le plus fouvent contre la fievre, loin d'en
être le produit; elle la maîtrife, loin d'être maî-
trifée par elle; elle exifte à fes dépens, loin d'em-
prunter fon exiftence de fes propres efforts; car
fi la coction diffipe & détruit la fievre, je ne vois
pas trop comment on pourroit la faire naître de
la *fievre* comme par voie de néceffité & de génération rigoureufe. Il eft facile de fe convaincre
par ce traité d'*Hippocrate*, qu'il confidéroit la
fievre & la coction comme deux chofes très-diffé-

rentes, qui méritoient d'être foigneufement diftin-
guées, & qui, fans une erreur étrange, ne pouvoient fe placer dans la même claffe de faits, &
s'attribuer à un principe commun ; cela tient du
refte à une idée précieufe du pere de la Médecine,
d'après laquelle il a toujours diftingué la caufe de
la fievre, d'avec les mouvemens fébriles produits
par cette caufe ; & c'eft une des idées dont
Profper Martian a tiré le plus grand parti pour
lier & co ordonner les principes épars, & confu-
fément répandus dans les divers ouvrages de ce
grand homme. La fievre n'eft donc pas le feul
inftrument de guérifon qui foit au pouvoir de la
nature, & les procédés qu'elle met en ufage pour
réfifter à la préfence meurtriere de certaines caufes
maladives, n'ont bien fouvent, avec fes phénomenes, aucun rapport d'analogie & de reffemblance).

Il ne feroit guere plus fage de borner l'idée
que nous devons nous former de la fievre, à celle
d'un acte effentiellement propice, & finiffant toujours par opérer une dépuration avantageufe des
fucs hétérogenes, nuifibles, qui alterent la fubftance du corps, & qui établiffent les différentes
caufes, capables de troubler & de déranger le
libre exercice de fes fonctions ; car il ne nous eft
pas permis de douter qu'il eft nombre de circonftance dans lefquelles la fievre peut être comptée
parmi les accidens étrangers qui furchargent une
maladie, & qui vont à la transformer ou à la
compliquer d'une maniere plus ou moins pernicieufe. Nous en avons un exemple dans la fievre
fécondaire de la petite vérole, qui change brufquement fa nature, & la fait quelquefois paffer
tout d'un coup à un état de malignité bien décidée.

Auffi cette fievre fécondaire fournit-elle au Médecin les indications principales qu'il doit fuivre dans ce période de la petite vérole ; de forte que fon atten-tion fe tourne toute entiere à combattre cette fievre en elle même , fans avoir égard à la nature de la maladie dont la guérifon paroît être abfolument fubordonnée à la fuppreffion de la fievre conco-mitante ; & s'il eft permis quelquefois d'oublier & de fufpendre l'emploi des fecours indiqués par cette fievre , pour s'occuper de ceux qui conviennent à l'état & à la nature de la maladie effentielle , ce n'eft que dans le cas où les moyens qu'elle demande font propres en même temps à modérer les fymp-tômes fébriles , à les arrêter au milieu de leurs progrès , & à faciliter la deftruction complette de la caufe qui les a fufcités. Telles font , par exemple, les incifions des puftules , recommandées par *de Haën* qui , en même-temps qu'elles rendent la marche de la fuppuration plus libre & plus facile, affoibliffent auffi par voie de révulfion les fpafmes qui frappent les plans les plus fuperficiels de la peau , & qui peuvent être regardés comme une des caufes ordinaires de la fievre dont nous parlons, quoiqu'elle puiffe réellement être déterminée par des caufes fort différentes , fe compliquer avec toutes les dégénérations des humeurs poffibles , & prendre le caractere commun dont les maladies régnantes portent l'empreinte fenfible (1). Du refte,

_____

(1) Je fais bien que la fievre fécondaire fuppofe prefque toujours un état de dégénération ou même de purulence , dans lequel réfide la véritable raifon des dangers attachés aux mouvemens fébriles dont il forme la caufe matérielle , ce qui pourroit nous porter à croire que la fievre fécondaire n'eft point meurtriere par elle-même , & qu'elle ne produit des effets nuifibles qu'à raifon de l'état maladif qui co-exifte avec elle , & que fes efforts s'appliquent à combattre. Mais outre qu'il eft des petites véroles dans lefquelles la fievre

cet accident eft fi grave par rapport à la petite
vérole, & il ajoute tellement à fes dangers, que
c'eft lui feul qui établit en grande partie l'énorme
différence que les Praticiens ont remarqués entre la
malignité d'une petite vérole difcrette qui fuit
paifiblement fon cours, & celle d'une petite vérole
confluente, qui dans fa marche développe des
fymptômes allarmans, parmi lefquels la fievre
fécondaire mérite d'occuper la premiere place.
C'eft pour avoir négligé la confidération de ce principe, que bien des Praticiens ont échoué dans le
traitement de cette maladie, au moment où la
diminution des fymptômes émanés de fon effence,
fembloient affurer le fuccès de leurs fecours. Et
voilà pourquoi *Zacutus Lufitanus* fe plaignoit avec
raifon de ce que les Médecins de fon temps aban-
donnoient les malades attaqués de la petite vérole,
immédiatement après la fortie totale & réguliere
de l'éruption varioleufe. Il feroit facile de multiplier des exemples analogues, qui prouvent que la
fievre n'eft point néceffitée à produire toujours des
effets falutaires par rapport à celui qui en éprouve
les atteintes.

Il eft encore remarquable, contre l'opinion des
Médecins qui accordent à la fievre une efficacité
fans borne, pour empêcher le progrès d'une maladie bien ordonnée, & qui fe repofent fur le compte

fécondaire fe borne à produire des phénomenes nerveux dont l'appareil
n'appartient à aucune altération humorale, comme l'a reconnu M.
de Hæn; & que dans ce cas, la fievre réduite à fon état de fimplicité le plus pur, eft bien certainement dangereufe par elle-même,
il eft clair que la fievre eft tellement confondue avec la dégénération humorale qui la caufe dans les cas où il en exifte quelqu'une, qu'il eft impoffible de les féparer, & qu'on eft en droit
par conféquent d'attribuer à la fievre les dangers dont la purulence
s'accompagne.

de ſes événemens , dans l'idée confiante d'une ſécu-
rité ſans réſerve ; il eſt remarquable , dis-je , que
très ſouvent la fievre , loin de travailler à la deſtruction de la maladie qu'elle accompagne , forme
au contraire une affection primitive & fondamen-
tale, qui renferme en elle même la raiſon immédiate
de ſon exiſtence & de ſa durée. En ſorte que pour
emporter ſûrement des maladies , quelquefois fort
différentes entr'elles , il faut les attaquer dans leur
principe , en cherchant à détruire la fievre qui
les entretient , & ſous la dépendance de laquelle
leurs phénomenes procedent. Ainſi , il eſt bien des
fievres intermittentes , dont la ſuppreſſion enleve &
diſſipe des affections graves qui avoient refuſées
de céder à l'uſage des remedes les mieux appropriés. C'eſt ce qui arrive à toutes les fievres intermittentes , inſidieuſes ou malignes , qui marchent
toujours chargées de quelques ſymptômes terribles,
& dont la gravité tranchant d'une maniere per-
nicieuſe , demande l'adminiſtration prompte du
quinquina qui , donné à propos , arrête ſubitement
& les accès de fievre , & les progrès de l'affection
maladive , qu'une ſeule & même cauſe enveloppe
& confond ſous la forme & le génie d'une même
eſpece de fievre intermittente. Le célebre M. *Ranh*,
qui a écrit le meilleur traité ſur l'uſage du kina,
obſerve qu'il arrive ſouvent que les accidens dont
ces fievres pernicieuſes s'accompagnent, diſparoiſſent
totalement à la ᵮ du premier accès , & ne reviennent qu'au moment où la fievre éprouve un ſecond
paroxyſme ; en ſorte que l'exiſtence de ces maladies,
différentes entr'elles , paroît être intimement liée
à celle des mouvemens fébriles , qui eſt donc pour
la nature une occaſion de les reproduire , & cela ,
ſuivant un ordre ſi conſtant , qu'elles ſe montrent

& s'éclipfent avec eux , fans qu'il foit poffible à
l'art de les prévenir , ou même de les modérer
autrement qu'en s'oppofant au retour de l'accès.
Tous les Auteurs qui ont parlé des fievres pernicieufes , ont fait confifter leur caractere effentiel dans
la co-exiftence d'un fymptôme malin, fufceptible de
céder comme elles à l'adminiftration du quinquina ;
& l'obfervation a prouvé que de toutes les maladies
connues , il n'y en avoit aucune qui ne pût s'unir
avec elles , & leur devenir fubordonnée au point
de fubir les mêmes révolutions , de demander les
mêmes remedes , de commencer & de finir en
même temps. *Torti* a vu des cardialgies , des fyncopes , des léthargies , des convulfions , &c. guéries
par le fpécifique des fievres. *Werlof* rapporte des
faits analogues , & *Mercatus* & *Morton* en avoient
déjà raffemblés plufieurs long-temps avant eux. Les
Auteurs qui ont écrit depuis , ne laiffent rien à
défirer fur cet objet. *Bruning* a vu des mouvemens
épileptiques fe diffiper par l'ufage des moyens les
plus propres à calmer ceux de la fievre. On peut
voir dans les ouvrages des Médecins , plufieurs
exemples de maladies fubitement arrêtées par ce
feul fecours. *Sydenham* nous a laiffé celui d'un
ténefme ; *Lauter* , celui de plufieurs accès convulfifs ;
Medicus , celui de quelques maladies nerveufes ;
Senac , celui d'un délire ; *Quarin* , celui d'une
affection hypocondriaque , &c. Il feroit trop long
de détailler ici toutes les maladies que les fievres
pernicieufes peuvent amener à leur fuite , qu'elles
entretiennent , pour ainfi dire , & dont la terminaifon , placée en quelque forte fous leur dépendance , n'arrive qu'à l'inftant où leur propre folution fe confomme.

(Mais non-feulement les maladies attachées aux

fievres intermittentes pernicieuſes diſparoiſſent en
même temps qu'elles , lorſque les unes & les autres
ſont produites par une même cauſe (dont l'imagination ne peut, ſans un travail pénible , iſoler l'exiſtence , pour la diſtinguer des mouvemens fébriles,
en nous la repréſentant comme quelque choſe d'antérieur , & à l'établiſſement de la fievre , & à
celui de ces maladies co-exiſtentes); il eſt de plus
certain que les altérations produites dans les humeurs
par l'effet de la fievre , ſont quelquefois ſubitement
arrêtées dans leur progrès , dès qu'on vient à leur
oppoſer les fébrifuges les plus actifs & les plus
décidés. *Torti* , en parlant des fievres dont le caractere pernicieux ſe prend de la tendance qu'elles
affectent vers la continuité , preſcrit de donner tout
de ſuite le kina ; & il le preſcrit avec d'autant plus
de ſûreté , que cette tendance paroît être plus rapide, pag. 349 & ſuiv. Or , une fievre intermittente
ne ſe transforme en continue que par le déplacement de la cauſe maladive , qui , fixée auparavant
ſur les premieres voies , paſſe dans le ſyſtême vaſ-
culaire , & déprave la maſſe entiere des fluides ;
d'où il ſuit que ſi le kina vient à prévenir ce paſſage,
& à enrayer par-là les progrès de l'affection nouvelle qui ſe préparoient ſous les efforts fébriles ,
c'eſt en agiſſant ſur la fievre , c'eſt en lui oppo-
ſant des obſtacles dont elle puiſſe reſſentir l'efficacité,
& non point en attaquant dans ſon principe cette
altération qui touche au moment de ſe former ,
puiſqu'elle n'eſt pas ſuſceptible d'être changée par
ce remede, dont le pouvoir ne s'étend qu'à détourner les accès de fievre qui contiennent le germe
& la cauſe primitive de ſon introduction dans
le corps.)

Mais ſans nous écarter de notre ſujet, il eſt facile

de reconnoître dans un grand nombre de maladies chroniques, cette subordination apparente de la fievre à la maladie qui la suit & l'accompagne du moment où elle commence à s'établir, jusqu'à celui où elle finit de quelque maniere; c'est ce qui a lieu toutes les fois que le développement de la fievre précede celui de l'affection chronique qui vient après, & s'identifie tellement avec les mouvemens fébriles, qu'elle se proportionne toujours à leur intensité & à leurs progrès, & qu'elle n'éprouve de révolutions que conséquemment à celle qu'ils éprouvent eux-mêmes; ainsi, M. *Stork* a vu des tumeurs édémateuses chroniques, entretenues par une fievre intermittente, avec laquelle elles augmentoient dans un rapport constant, céder à l'usage suivi du quinquina que demandoit la fievre qui, dans ce cas, formoit bien visiblement l'affection principale, & le véritable objet sur lequel devoient se fixer toutes les vues curatives du Médecin. Le même Observateur rapporte avoir guéri des anasarques, des ascites par une méthode de traitement qui avoit évidemment pour but unique de supprimer la fievre concomitante; & à cette occasion il remarque fort bien que dans les cas d'hydropisies décidées ainsi par une fievre intermittente, les obstructions de quelques visceres ne peuvent s'opposer à l'administration du quinquina, lorsque la fievre que l'on a dessein de combattre par ce remede n'a point assez d'efficacité pour résoudre & détruire ces obstructions qui rendent l'hydropisie plus rebelle aux effets des médicamens convenables, dont l'emploi est devenu, par le fait de la fievre primitive, & difficile & insuffisant. *Werlof* cite l'observation d'une femme qui, tourmentée depuis long-temps par des accès de fievre & de goutte, fut délivrée des uns

& des autres par l'ufage du quinquina , dont l'efficacité auroit dû fe borner à prévenir les retours de
la fievre, fi ceux de la goutte n'avoient eu avec ces
premiers une liaifon intime & néceffaire. *Mufgrave*
rapporte un fait entiérement femblable. *Morton* ,
Stool , *Selle* , *Medicus* , *Cotuni* , & plufieurs autres,
ont vu des rhumatifmes dont la guérifon fuivoit de
près celle de la fievre à laquelle ils paroiffoient être
attachés , ou plutôt complétement fubordonnés.
J'ai eu connoiffance d'un tabés avec une fievre lente
continue , qui avoit réfifté à un traitement méthodique & fuivi , & dont les progrès devinrent
faciles à modérer dès qu'on eut empêché les retours
de la fievre.

Enfin , la prétention de réduire la fievre aux
phénomenes fenfibles qui prouvent un effort falutaire
de la part de la nature , nous conduit encore à mé-
connoître la relation intime qui regne entre l'ordre
des mouvemens fébriles , & l'efpece d'altération
maladive qu'ils fuppofent établie dans la fubftance
du corps ; cependant ces deux chofes fe trouvent fi
étroitement unies, qu'il eft bien difficile de les féparer;
en forte que la fievre retient toujours quelque chofe
de relatif aux altérations qui la caufent, ou que pour
mieux dire , elle porte dans tous les cas des caracteres de différence tranchans , felon la diverfité des
caufes qui décident fon exiftence & foutiennent fa
durée. De là vient qu'il n'eft pas poffible de pofer
une méthode générale de traitement appliquable
à toutes les fievres , parce que le but de cette méthode devant être d'attaquer la fievre dans fon principe, & de détruire jufqu'à la caufe dont elle dépend , il faut qu'elle foit déterminée par la nature
de cette caufe , & qu'elle varie dès-lors felon la
diverfité des modifications corporelles, capables de

l'exciter & de l'entretenir. C'eſt là néanmoins l'objet
qui nous intéreſſe ſérieuſement ; & c'eſt, à bien dire,
le ſeul qui mérite de trouver place dans le plan
des études que ſe propoſe le Médecin-praticien,
parce que c'eſt le ſeul qui puiſſe jeter quelque lumiere ſur le traitement méthodique de la fievre,
& nous la repréſenter ſous les rapports qui la
rendent ſuſceptible d'être attaquée par les ſecours
de l'art.

Mais en rejetant l'opinion de ceux qui portent
l'utilité de la fievre au-delà de ſes propres limites,
& qui en font l'inſtrument de toutes les guériſons
que la nature opere ; il faut auſſi nous tenir en
garde contre les erreurs non moins dangereuſes,
attachées à l'opinion contraire. Il faut nous éloigner
également des deux extrêmes, & ne pas croire que
la fievre ſoit un effet abſolu & rigoureux des altérations établies dans la ſubſtance du corps auxquelles
ſes mouvemens ſont liés par les loix d'une indiſſo-
luble néceſſité ; car il y a bien des maladies qui ſe
développent & ſubſiſtent dans le corps ſans être
accompagnées de fievre, & c'eſt même une vérité
dont la claſſe des affections chroniques pourroit
nous fournir plus d'une preuve. Toutes les maladies
qui s'annoncent par la perte des ſens & de la raiſon, celles qui ſe manifeſtent par une ſuſpenſion
preſqu'entiere des fonctions vitales, celles ſur-tout
dont l'effet eſt d'oppoſer un obſtacle ſoutenu au
libre exercice des mouvemens par leſquels s'exécutent la circulation des humeurs ; toutes ces
maladies, dis-je, marchent pour l'ordinaire complétement dégagées de fievre, avec laquelle même
elles ſemblent contraſter. Nous voyons tous les
jours des icteres, des hydropiſies, des tumeurs, &c.
& d'autres affections graves chroniques, dans
leſqeulles

lesquelles il n'est pas possible d'appercevoir les
moindres signes de fievre; & cependant l'altération maladive subsiste, & tous les phénomenes
qu'elle doit produire se succedent sans que rien
s'opposât d'ailleurs au développement libre des
symptômes fébriles, s'il devoit avoir lieu.

En suivant le parallele des affections réellement
fébriles, opposées aux maladies qui paroissent dé-
pouillées de tous les caracteres essentiels à la fievre,
nous serons frappés de rencontrer entr'elles des
traits de ressemblance qui nous autorisent à les
identifier & à les confondre sous plusieurs points
de vue, puisqu'elles cedent à la même méthode de
traitement & qu'elles se terminent par des moyens
de solution analogues. Ce qui prouve bien que la
circonstance d'être avec fievre ou sans fievre, ne
change pas la nature d'une maladie, & que dès-
lors l'altération, ou plus généralement l'état du corps
auquel répond cette maladie, n'est point rigoureu-
sement assujetti à se présenter sous l'appareil des
symptômes fébriles ; & comme cet état peut donc
exister également & sans cesser d'être ce qu'il est
dans le réel, quoiqu'il n'entraîne avec lui aucun mouvement de fievre sensible, il est clair qu'en général
la fievre n'est pas liée d'une maniere indissoluble &
nécessaire à la présence de telle ou telle altération
maladive.

J'ai dit que souvent on ne pouvoit établir aucune différence légitime entre des affections essentiellement fébriles, & d'autres maladies qui manquent de tous les signes caractéristiques de la fievre. C'est ce que je dois prouver par l'observation. *Hippocrate* en parlant des accidens qui ac-
compagnoient les maladies épidémiques dont il
donne la description, observe que ces accidens

C

étoient avec fievre ou fans fievre, quoiqu'ils tinffent toujours au même fonds de maladie. Voy. épid. liv. 3. *Sydenham* , dans la defcription qu'il nous donne de la fiévre qui régnoit à Londres en 1667, dit, qu'il parut une diarrhée fans fievre apparente , qui étoit comme la fievre épidémique décidément inflammatoire , puifqu'elle demandoit les mêmes moyens curatifs, qu'elle cédoit comme elle à l'ufage des moyens antiphlogiftiques , & qu'elle devenoit plus rebelle au contraire par celui des purgatifs & des aftringens les plus doux. M. *Stool* obferve que dans les temps où il regne une épidémie de fievres, les maladies chroniques doivent être traitées comme la fievre établie épidémiquement , quoiqu'il foit bien certain que ces maladies en reftent prefque toujours exemptes. Les fievres intermittentes font fujettes à fe préfenter fous la forme de plufieurs autres maladies qui fe produifent fans la plus légere apparence de fievre , qui fe guériffent comme elles par le quinquina, & auxquelles par conféquent il ne manque autre chofe que les mouvemens fébriles pour avoir avec ces dernieres la plus parfaite reffemblance. Nous rapporterons bientôt plufieurs exemples qui pourront s'appliquer ici. En général le corps peut être altéré de diverfes manieres , fans que ces altérations donnent lieu à aucun fymptôme qui puiffe être comparé à la fievre , foit qu'elles ne faffent pas fur la nature une impreffion capable de la folliciter aux mouvemens qui conftituent l'effence de ce fymptôme , foit qu'elles fe produifent avec une intenfité affez grande pour empêcher ces mouvemens de s'étendre & de fe déployer d'une maniere convenable à fon développement libre & foutenu. Car dans ce dernier cas l'impreffion du principe morbifique eft fi vivement reffentie par la nature , qu'elle appelle

& dirige vers la partie qui en eft le fiege principal toutes les forces , dont la diftribution libre & facile forme une condition néceffaire à l'exiftence du fymptôme fébrile. On voit tous les jours des affections locales qui fe refufent à exciter la fievre jufqu'à ce que , par des moyens appropriés , on foit parvenu à les généralifer. *Morton* parle d'une douleur de côté fi vive qu'elle étouffoit pour ainfi dire la fievre dont les fignes ne fe manifeftoient dans toute leur évidence , que lorfqu'on faifoit ufage de la faignée ou du laudanum. Or il eft clair que ces moyens agiffoient en facilitant la diffufion générale , la répartition uniforme , le développement égal des forces concentrées & accumulées en maffe fur la partie affectée de douleur. C'eft , du refte , une obfervation que tous les Praticiens ont pu vérifier.

Mais une chofe fur-tout doit nous rendre fufpectes les prétentions de ceux qui font dépendre la fievre de l'impreffion méchanique & néceffaire du principe morbifique , & qui veulent que ce principe la produife par voie de génération rigoureufe , c'eft fon utilité évidente dans la plupart des maladies , je dirai même fon efficacité abfolue dans plufieurs dont elle a droit de réclamer la guérifon ; car il faut reconnoître avec tous les bons Obfervateurs, qu'il y a des fievres vraiment dépuratives & qui travaillent d'elles-mêmes à l'élimination de la caufe morbifique , quelque fortement enracinée qu'elle foit dans la fubftance du corps. C'eft dans ces fortes de fievres que *Torti* interdifoit avec foin l'ufage du quinquina, dont l'adminiftration mal entendue eft fuivie d'accidens fi funeftes. Il faut reconnoître que là fievre eft très-fouvent critique par rapport à d'autres maladies plus réfractaires & que dans le fyftême entier des maladies , il s'en trouve plufieurs dont la folution n'arriveroit jamais , fi elle n'étoit aidée & favorifée par fes mouvemens favorables. Il y a plus encore , c'eft que toutes les maladies aiguës qui , dans leur premier temps , doivent refter livrées au pouvoir de la nature, ne demandent alors d'autres foins à la Médecine que ceux qui fe réduifent à foutenir la fievre & à ménager fagement l'emploi des forces auxquelles ce fymptôme fuppofe une énergie capable de répondre à fon intenfité & de fournir à fon entier développement.

Enfin , nous attachant à quelques-uns des phénomenes particuliers à la fievre , faut il en faire une claffe de maladies, bornée à recevoir les affections dans lefquelles ces phénomenes fe rencontrent , & la regarder comme féparée de toutes les autres maladies par des limites dont il nous feroit bien difficile de mefurer l'étendue ? Mais que deviendroient alors les maladies qui ne développent aucuns de ces phénomenes dans le cours entier de leur durée & qui cedent néanmoins aux moyens curatifs indiqués par des affections effentiellement fébriles ? N'eft-il pas abfurde de circonfcrire tellement la claffe des fievres, qu'il nous faille les détacher des maladies dont elles fe rapprochent au point de fe confondre avec elles par l'identité du traitement ? Et pouvons-nous, fans un danger évident pour la pratique , établir une notion de la fievre , d'après certains caracteres fenfibles qui n'en donnent qu'une idée inexacte , & dont les bornes ne peuvent admettre toutes les maladies fufceptibles de céder aux mêmes fecours de l'art & d'être regardées comme femblables par le Médecin qui eft autorifé à placer dans la

même claffe naturelle toutes les maladies qui indiquent les mêmes moyens curatifs , même dans
le cas où plufieurs d'entr'elles manqueroient des
caracteres apparens fur lefquels la notion de cette
claffe feroit fondée. Ainfi tous les Obfervateurs
ont eu occafion de voir des diarrhées , des dyffenteries , de cholera - morbus , &c. , régner d'une
maniere épidémique en-même-temps que des fievres dont le génie & le traitement s'appliquoient
à toutes ces affections du même ordre , & qui portoient toutes également les caracteres de l'épidémie régnante , quoiqu'elles ne préfentaffent aucuns
de ceux qui appartenoient à la fievre proprement
dite. C'eft un fait confirmé par les obfervations
de tous les Auteurs qui ont travaillé fur les épidémies , dans le nombre defquels on doit confulter
principalement *Hippocrate , Sydenham , Grant ,
Huxham , De Haën , Pringles, Lind , Stork, Stool ,
Plenciz, Medicus , Tiffot , Vagler , Roëderer* , &c.
Le célebre Medicus a avancé que toutes les maladies périodiques tiennent beaucoup de la nature
réelle des fievres intermittentes, quoiqu'elles fe produifent fous des fignes bien différens de ceux qui
les manifeftent pour l'ordinaire. Il déduit cette
analogie avec raifon de ce que ces deux formes de
maladie fe fuccedent mutuellement , & de ce que
lorfqu'il arrive aux premieres de venir à la fuite
des fievres intermittentes mal traitées , elles affectent les mêmes périodes , le même ordre de révolutions que ces fievres obfervoient dans leur développement antérieur. On a vu une fievre intermittente dégénérer en une efpece de colique de poi-
tou qui augmentoit aux heures marquées pour
l'accès de la fievre précédente & qui fe termina
par des douleurs dans les bras & les jambes , fui-

vies d'une paralifie dont le kina opéra la guérifon.
Les Ouvrages des Obfervateurs font remplis de
faits qui prouvent combien ce remede a de puiffance fur toutes les maladies périodiques, à l'égard
defquelles il agit comme dans les fievres intermittentes. *Van Swieten* parle d'une douleur de
tête qui revenoit à des intervalles réglés, & qui,
après avoir réfifté à la faignée, aux purgatifs antiphlogiftiques, à l'application des ventoufes, à celui des véficatoires, & à l'ufage de bien d'autres
fecours, ne céda qu'à celui du kina. *Torti &
Butter* ont vu des ophtalmies périodiques très-dou-
loureufes, diffipées par le même remede. Le célebre M. *Fouquet* m'a communiqué une obfervation
femblable, qu'il a faite fur lui-même. Après avoir
epuifé tous les remedes tempérans & rafraîchiffant
contre une ophtalmie qui revenoit à des époques
réglées, il en fut délivré par l'ufage du kina.
Le même Praticien m'a dit avoir obtenu les plus
heureux effets de ce remede pour arrêter un vomif-
fement de fang, dont la circonftance particuliere
étoit d'éprouver des retours périodiques & régu-
liers, qui le rendoient fufceptible d'être combattu
par la qualité tonique du fébrifuge. Je pourrois citer des exemples de furdité, d'aveuglement,
de céphalagie, de convulfions épileptiques, de
tétanos, de paralifie, d'émoptyfie, de coliques,
d'ícteres, d'afthme, & de plufieurs autres affections pareilles, dont la marche affujettie aux loix
de certaines révolutions périodiques, s'eft déro-
bée à l'action des moyens les mieux indiqués en
apparence pour être irrévocablement arrêtée par
l'adminiftration prudente de cette précieufe écor-
ce. On trouvera ces faits répandus dans les écrits
de *Sydenham*, de *Torti*, de *Werloff*, de *Storch*,

de *Sauvages* , de *Medicus* , de *Tode* , de *Bruning* , de *Stool* , de *Ranh* , & de tous les Auteurs qui fe font acquis l'autorité d'établir des
regles en Médecine.

Toutes les fievres locales qui font entretenues par
la même caufe materielle que les fievres générales
du même genre avec lefquelles elles s'identifient
parfaitement , foit par l'efpece de folution qu'elles
éprouvent , foit par la nature du traitement qu'elles indiquent , en different néanmoins en ce que
portant & appuyant leur impreffion fur un organe
déterminé , elles ne peuvent s'accompagner d'aucun des caraƈteres fenfibles que la fievre générale
imprime au fyftême entier des organes , comme
font par exemple la fréquence & la viteffe du pouls,
la chaleur de tout le corps , la contraƈtion de la
peau, la fucceffion alternative du froid & du chaud,
&c. Enfin nous verrons dans la fuite qu'il exifte
une analogie bien marquée , une correfpondance
bien intime entre la nature des fievres prifes dans
leur état de fimplicité abfolue & celle des maladies
nerveufes placées dans le même état de pureté. Y
a-t-il en effet quelque différence qui foit au moins con-
féquente pour la pratique, entre l'effence d'une fievre fimplement nerveufe & dénuée de toute efpece
d'altération dans la fubftance du corps , & celle
d'une affeƈtion nerveufe fans fievre , c'eft à-dire ,
qui ne fe produit fous aucun des phénomenes propres à l'état fébrile ? Et cette circonftance d'être
dépouillée de fievre empêche-t-elle que cette derniere parte de la même caufe maladive & qu'elle
foit attaquable par les mêmes moyens ? Ainfi, par
exemple , ne doit on pas confondre avec l'affeƈtion
hypocondriaque par fpafme , & ranger dans la
même claffe cette fievre qui dépend d'un fpafme

fixé fur les organes digeftifs d'une maniere lente
& chronique , que l'on connoît ordinairement fous
le nom de fievre de *Fernel* , qui en a donné une
defcription fuivie, dans laquelle il la rapporte à des
obftructions lentes établies dans le foie ? Puifque
ces deux maladies reconnoiffent la même caufe, &
ne font que deux modifications différentes du même état maladif, qui toutes deux offrent les mêmes
indications à remplir & fe montrent fufceptibles
de céder à la même méthode de traitement. Et en
effet , dans l'un & l'autre cas , il s'agit de calmer
l'irritation extrême des organes digeftifs , & de réfoudre les congeftions humorales qu'elle décide ,
par l'ufage bien ménagé des tempérans & des apé-
ritifs , toujours proportionnellement à la fenfibilité
individuelle du fujet. Dans l'un & l'autre cas convient éminemment la méthode que M. *Pomme*
a voulu étendre à toutes les efpeces de maladies
nerveufes , & qui, comme on le fait, confifte
dans l'emploi foutenu du régime & des remedes
les plus relâchans poffibles.

La même identité de nature fe remarque
encore entre toutes les maladies décidées par l'atonie ou la foibleffe du fyftême nerveux , & la fievre
lente décrite par *Morton* , fous le nom d'atrophie
ou de pthifie nerveufe , & qui dépend d'un
état d'atonie ou de foibleffe dont les effets reffen-
tis d'abord dans les organes digeftifs , fe répetent
principalement fur l'organe cellulaire & fe manifeftent par la maigreur , l'atrophie & tous les fignes
de la confomption. Auffi cette efpece de fievre fe
guérit-elle par tous les moyens appropriés en général contre les maladies dépendantes de foibleffe ,
& il n'y a prefque pas de différence réelle entre
le traitement qui lui convient & celui que de-

mandent, par exemple, les tabés, le rachitis, la
paralifie, &c. lorfque ces affections reftent réduites
à leur état de fimplicité nerveufe & qu'elles ne
reconnoiffent d'autre caufe que l'affoibliffement
abfolu ou relatif des forces inhérentes aux organes dont elles occupent une portion plus ou moins
étendue de la fphere.

Concluons avec M. Selle (1) *que la claffe des
fievres ne forme point une claffe naturelle de
maladies*, que l'efpace qu'elle comprend, ne peut
être fixée par des limites invariables, & qu'il eft
impoffible enfin d'affigner au jufte des maladies
qu'elle doit admettre ou rejeter, puifque l'effence
de la fievre n'eft arrêtée par aucun caractere déterminé, qui ne la confonde avec des maladies
dont elle differe effentiellement, ou qui ne la diftin-
gue & la fépare de celles dont la plus parfaite analogie la rapproche.

En voilà plus qu'il ne faut pour prouver combien il eft difficile de donner une bonne définition
de la fievre, de la faire connoître en elle-même
& de développer pleinement fon effence ou fa nature réelle. Car comme une définition ne peut embraffer l'enfemble ou la totalité des phénomenes qui
conftituent l'état fébrile, & comme d'un autre
côté dans la férie de ces phénomenes il n'en eft
aucun dont l'énumération ne foit effentielle pour
nous donner une idée jufte & complette de la
fievre & de tous les rapports fous lefquels elle
peut être confidérée, il eft aifé de fentir la néceffité qui nous oblige de fubftituer l'hiftoire ou la

_____

(1) Voyez l'introduction pleine de philofophie & de fens, que
ce grand Médecin a mis à la tête de fon excellente Piréthologie,
Rudimenta Pirethologiæ methodicæ, pag. 84.

description exacte des phénomenes que produit la fievre, aux définitions qu'on a voulu en donner jusqu'à présent.

Ces définitions, en effet, sont toutes affectées du vice commun de n'exprimer que quelques-uns des symptômes les plus apparens de la fievre, & de la représenter le plus souvent sous les caracteres qui peuvent le moins servir à nous la faire connoître, ainsi qu'il est facile de s'en convaincre en jetant un coup-d'œil sur celles de ces définition qui paroissent être les plus familieres & les plus généralement répandues.

La plupart des Auteurs ont, d'après *Galien*, fait consister la fievre dans une augmentation de chaleur dépendante d'une affection du cœur, transmise à tous les organes par le moyen des arteres & des veines, & accompagnées de plus d'un désordre sensible dans l'exercice ordinaire des fonctions. Mais *Galien* attachoit au mot *chaleur* une idée bien différente de celle qu'on lui prête communément, & il la regardoit comme l'effet ou le produit de l'action augmentée des forces vivantes, dont le siege, selon lui, étoit placé dans la région du cœur ; & dès-lors, en définissant la fievre une augmentation de chaleur, *Galien* se bornoit à dire, que dans l'acte fébrile les forces & les mouvemens augmentoient d'intensité & d'énergie ; ce qui est absolument conforme à la vérité, & rend sa définition plus raisonnable & plus sage que celles qui depuis ont été données sur le modele de la sienne (1) ; car tous ceux qui ont voulu comme lui

_____

(1) (Cette interprétation véritable des idées de *Galien* sur la chaleur donnée par un des hommes qui ont le mieux étudiés & entendus les Ouvrages de ce Prince de la Médecine, M. de *Gri*

attribuer la fievre à une chaleur fupérieure , à celle
qui exifte dans l'état de fanté, n'ont entendus parler
que d'une chaleur phyfique, capable de faire impreffion fur nos organes ; & d'après cette fauffe maniere de voir , ils ont été conduits à retrancher du
nombre des phénomenes conftitutifs de la fievre ,
le période par lequel débutent fes accès , & qui
eft caractérifée par une fenfation de froid bien
intenfe. Je ne vois pas en effet , comment il feroit
poffible de faire entrer le friffon fébrile dans l'ordre
des phénomenes qui appartiennent à la fievre , &
qui découlent de fa nature, fi fon caractere effentiel
& fondamental portoit uniquement fur l'augmentation de chaleur phyfique , & s'il n'y avoit rien
autre qui pût concourir à la déterminer ce qu'elle
eft.

Mais il y a plus encore , c'eft qu'il n'eft pas
rare de trouver dans les Obfervateurs des exemples de fievre , dont toute la durée eft remplie par
le période de froid , qui empêche l'établiffement
du fecond, & fe prolonge jufqu'à la terminaifon
complette de l'accès. *Galien* même cite un cas de

---

maud ; cette interprétation , dis-je , ne peut mettre *Galien* à l'abri
du reproche que lui fait M. *Coray* , d'avoir laiffé quelque chofe
d'obfcur & de vague dans fa définition, en n'affignant pas un fens
affez déterminé au mot *chaleur* , lorfqu'il l'employe pour exprimer le caractere diftinctif de la fievre , puifque plufieurs paffages
de fes écrits femblent prouver qu'il a diftingué dans bien de cas
la chaleur fébrile de la chaleur vitale , réfultante de l'action vive ,
& foutenue des forces qui animent le corps pour la confondre avec
la chaleur phyfique & fenfible , comme l'avoit entendu *Fernel* , &
comme on le voit dans les deux paffages que cite M. *Coray* .
febris eft nativi caloris in æftuofiorem converfio. . . . . Signa
vero febricantium colligimus ex calore intento & inacceffibili. Il
feroit heureux que tous les bons Médecins puffent confulter fur cet
objet & fur bien d'autres l'excellente differtation de M. *Coray* , *pire-*
thologiæ finopfis, dont le favant M. *le Févre de Villebrune* , a
fçu tirer parti pour éclaircir plufieurs fentences d'*Hippocrate.*)

cette efpece de fievre, qu'il rapporte à la diftribution vicieufe des forces qui, ramaffées, concentrées
à l'intérieur, ne peuvent s'étendre & fe porter fur
toute l'habitude du corps d'une maniere convenable à la propagation égale & uniforme de la chaleur fébrile. Ici viennent fe placer ces états de fievres lypiriques, dans lefquels le Malade brûlé d'une
ardente chaleur dans fes vifceres intérieurs, éprouve un froid infuportable à l'habitude extérieure
de fon corps. On peut encore ranger dans la
même claffe, & noter d'après les mêmes vues,
ces efpeces de fievres dont parle *Senac*, dans lefquelles la chaleur & le froid fe trouvent inégale-
ment repartis, de maniere que les Malades éprouvent un degré confidérable de chaud dans les parties fupérieures, & un froid extrémement vif dans
les parties inférieures. *Senac*, à cette occafion, cite
le fait d'un homme qui, dans le paroxyfme fébrile,
étoit affecté de ces deux fenfations à la fois, dont
il rapportoit l'une au côté droit & l'autre au côté
gauche de la divifion latérale du corps. Enfin perfonne n'ignore que le peuple eft dans l'ufage de
diftinguer la fievre felon qu'elle fe fait fentir en
froid ou en chaud; & le peuple livré fans réferve
à l'impulfion naturelle des fens paroît moins fujet à
fe tromper fur les objets de fenfation, que ne l'eft
le Philofophe dont l'efprit, inceffamment abufé par
les preftiges de fes préjugés ou de fes opinions,
ferme fa vue à tout ce qui refufe de s'y prêter.

Mais ce qui eft encore plus décifif contre l'idée
de ceux qui font confifter la fievre dans une augmentation de chaleur phyfique, c'eft qu'il y a
bien des circonftances dans lefquelles cette augmentation de chaleur a lieu quoique la fievre
n'exifte pas. Ainfi nous voyons tous les jours la

chaleur monter à un degré très - élevé après de
violentes émotions de l'ame, des courses prolongées,
des exercices fatigans , &c. Ainsi le second période de la digestion est assez ordinairement marqué
par une augmentation subite de chaleur qui parcourt le corps dans toute son étendue.

Il arrive très-souvent qu'après la terminaison
complette d'une fievre, la chaleur monte & se
soutient au-dessus de son intensité naturelle , & M.
de Haën a observé qu'elle demeuroit élevée pendant sept à huit jours à quatre ou cinq degrés au
dessus de la température ordinaire ; en sorte que
la chaleur est de 100 à 101 degrés au thermomettre de *Farenheit,* pendant les huit jours qui suivent la terminaison d'une fievre , au lieu de rester
à 95 ou 96 degrés ; comme elle est dans l'état
ordinaire. On doit placer ici l'observation de *Galien* ,
qui a vu des fievres purement nerveuses céder à
l'administration d'un cordial , de maniere cependant que la chaleur fébrile se prolongeoit au-delà
& subsistoit encore indépendamment de la fievre ,
si ce remede étoit donné long-temps après l'inva-
sion, & lorsque le période de froid avoit déjà fait
quelques progrès. *Quod si paululum aliquando*
morere utique febris ne tum quidem calor tamen
multus iis advenit. Metod. med.

Enfin (& cette derniere observation suffiroit
pour renverser l'idée que nous combattons) ; il est
des états essentiellement fébriles, dans lesquels il
n'y a pas de chaleur sensible, ou qui soit du
moins appréciable par le moyen du tact & du
thermomettre ; de sorte qu'il faut s'en rapporter
au témoignage du Malade sur la réalité de son
existence, comme M. *de Haën* , *Gesner* & plusieurs autres ont eu occasion de s'en convaincre

bien des fois. Il y a du reste une espece de fievre pernicieuse, dont le caractere diſtinctif eſt un froid glacial qui pénetre le corps du Malade dans toutes ſes parties, & qui ſe ſoutient au même degré d'énergie depuis le commencement du paroxyſme juſqu'à la mort qui le termine. Cette eſpece de fievre pernicieuse forme la ſixieme diviſion de *Torti* ſous le nom diſtinctif de fievre algide, *febris algida*.

Cette définition de la fievre, tirée de l'augmentation de chaleur phyſique, eſt donc inſuffiſante, erronée, & elle mene a des conſéquences d'une abſurdité frappante. Cependant elle vaut bien au moins celle qu'ont donné depuis les Chimiſtes qui, entêtés de fermentations, d'efferveſcences, d'exploſions, &c. ont voulu faire conſiſter la fievre dans un mouvement de fermentation ou d'efferveſcence imprimé au ſang ou aux humeurs qui roulent dans les vaiſſeaux . . . . . comme ſi la marche progreſſive des humeurs, ſoutenue par l'iradiation continuelle de la vie, ne s'oppoſoit pas à ce qu'elles éprouvaſſent cette ſorte de mouvement qui ne peut s'établir d'une maniere convenable ſur un objet inceſſamment mobile, & pour lequel ſemble n'être pas fait le repos néceſſaire au développement des fermentations chimiques!

Cette définition vaut bien encore celle qu'ont imaginé les Méchaniciens, excluſivement attachés aux phénomenes les plus manifeſtes & les plus ſuſceptibles d'être livrés à l'art expérimental & ſoumis au calcul. Ainſi *Boerhaave* s'arrêtant à la plus grande vélocité du pouls, comme au phénomene eſſentiel de la fievre, la définit, un état de plus grande vélocité dans le mouvement des arteres & du cœur. *Sauvages* la regarde comme un état dans lequel les forces du pouls font augmentées relativement à celles des membres , &c. Toutes ces définitions dans lefquelles on fait dépendre la production de la fievre , des changemens quelconques qui furviennent dans les modifications du pouls ; ces définitions , dis je , ont le défavantage commun d'affimiler la fievre à des états qui ne different en rien de la fanté la mieux établie ; car le pouls eft fujet à éprouver des altérations par des circonftances qui ne fuppofent aucun dérangement dans l'exercice des fonctions , & qui agiffent indépendamment de toute caufe maladive. Ainfi M. *Zimmermann* affure que le pouls d'un homme qui s'abandonne à la colere eft altéré au point de donner 140 pulfations dans une minute , tandis que chez un homme pris de fievre le nombre de pulfations va de 96 à 110 , quelquefois à 120 , rarement à 130 & ne monte jamais à 140 , fi ce n'eft dans les cas où il n'eft pas permis de former la moindre efpérance fur le fort du Malade.

Il eft vrai de dire en général que tous les fignes tirés du pouls font d'une nature trop fugitive & trop variable pour qu'ils puiffent fervir à établir d'une maniere fixe nos idées fur l'effence de la fievre ; car outre que le pouls étudié fur deux parties différentes dans le même inftant ou fur la même partie dans deux inftans fucceffifs de la durée d'une même maladie , ne préfente pas toujours le même affemblage de modifications (1) ; il eft cer-

---

(1) Cette inconftance , cette variabilité du pouls a été reconnue par ceux même qui ont porté le plus loin leurs prétentions fur la valeur réelle de ce figne , pour élever le Médecin à la connoiffance des parties que la maladie intéreffe fpécialement , & des organes par lefquels doivent fe faire les évacuations critiques. Le favant M. *Fouquet* , qui a fait paroître tant de chaleur pour défendre la Doc-

tain qu'il exifte des fievres dans lefquelles le pouls
s'éloigne à peine de fon rithme naturel , d'autres
dans lefquelles il ne s'en éloigne que pour devenir & plus lent & plus rare , ce qui annonce une
véritable diminution dans les forces des arteres &
du cœur. *De Haën* , *Werloff & Sarcone* ont finguliérement multipliés les exemples de ces fortes
de fievres , & *Morton* affigne en général ce caractere à toutes celles qui fe mafquent fous l'apparence de quelqu'autres maladies. On peut le remarquer fur tout dans certaines fievres purement nerveufes , dans le troifieme ftade de la fievre des pri-
fons décrite par *Pringles* , dans le même période
de la fievre bilieufe américaine dont parle *Hilari* ;
enfin il fe trouve très - fouvent dans la fievre que
Maningham , *Gilchrift* , *Huxham* ont fait connoître , fous le nom de fievre lente nerveufe , &
dont la caufe doit être attribuée à une dégénération pituiteufe des humeurs qui en infectent la
maffe entiere ; caufe que *Sims & Glaffe* ont
bien reconnue , quoiqu'ils aient prétendus à tort
qu'elle avoit toujours fon fiege dans les premieres voies.

Galien n'ignoroit pas que la fievre pouvoit
avoir lieu dans des cas où le pouls étoit plus lent
& plus rare qu'à l'ordinaire ; & dans fon Traité
de la méthode de guérir , il donne la defcription
d'une fievre qui affectoit principalement les premieres voies , & qui s'accompagnoit d'une rareté

trine de *Solanc* , & de fi grands moyens pour l'accréditer , M.
Fouquet ne s'eft point laiffé aveugler fur l'infuffifance de ce figne,
& il l'a reprefenté dans tous fes Ouvrages comme incapable d'é-
clairer le Praticien qui ne voudroit fe procurer des lumieres que
par lui. Voyez les notes ajoutées à la trad. des fiev. , cont. de
Lind.

&

& d'une lenteur extrêmes dans les mouvemens du pouls. Tous les Praticiens favent que la plupart des fievres qui intéreffent les organes digeftifs, font affujetties à fe préfenter fous une forme intermittente, au caractere de laquelle l'état du pouls participe quelquefois ; de forte qu'il ne retient aucune des modifications d'après lefquelles font établies les idées dont nous combattons ici la fauffeté. Dèslors, pour admettre ces définitions, il faudroit nous décider à rayer du catalogue des fievres toutes celles que nous avons vu manquer des caracteres dont elles fuppofent l'exiftence néceffaire à la production des accès fébriles ; dès-lors il n'eft pas poffible de s'entendre, & nous tombons dans l'incapacité de reconoître une fievre à travers les apparences trompeufes qui nous la dérobent, de la diftinguer des autres maladies, dont fa définition mal entendue la rapproche, & de former une claffification lumineufe qui puiffe facilement fe rapporter & s'appliquer à la pratique. C'eft bien de ces définitions qu'il feroit permis de dire avec un homme éloquent : *qu'elles détruifent l'art en voulant le fimplifier.*

On commence à fe dégoûter de ces définitions fondées fur des principes trop mécaniques, & on a prefque abandonné aujourd'hui les idées de *Boërhaave*, de *Bellini*, de *Sauvages*, pour dire en général que la fievre confifte dans l'action augmentée du cœur & de tout le fyftême vafculaire ; de forte que l'on réduit encore les mouvemens fébriles à ceux qui fe portent fur l'organe de la circulation, & qui s'annoncent par les dérangemens fenfibles dont la marche progreffive du fang peut être affectée. Il eft clair que cette définition n'embraffe, ainfi que les autres, qu'une partie des phénomenes

D

qui ont coutume de coincider avec l'état fébrile,
& qu'elle se refuse évidemment à comprendre certaines especes de fievres, dans lesquelles le phénomene qui lui sert de base ne se rencontre pas ;
car quoique l'état fébrile soit le plus souvent marqué par une action vive de tout le système vasculaire, & qu'il puisse être décidé par tous les moyens
d'excitation appliqués sur quelqu'une des parties
principales de ce système, il existe cependant des
fievres caractérisées par un affoiblissement des forces inhérentes à cet appareil d'organes, porté au
point qu'elles indiquent l'usage des remedes irritans,
capables de retirer les forces de la profonde inertie dans laquelle elles sont plongées, & de les
rappeller à leur mode naturel d'activité & de vigueur. Telles sont ces fievres auxquelles la syncope
se joint comme symptôme dominant, & qui s'annoncent par des défaillances décidées sans cause
manifeste, & répétées si fréquemment qu'il est nécessaire, suivant la remarque de *Torti*, d'employer
des odeurs fortement stimulantes pour en prévenir
les retours. La débilité de l'organe vasculaire paroît
être si essentielle à cette espece de fievre, que
Werlof a établi sur elle, & principalement sur la
foiblesse du pouls, le signe unique qui la distingue
des affections soporeuses, dont plusieurs autres
caracteres la rapprochent. Enfin la prétention de
borner les phénomenes sensibles de la fievre à l'organe de la circulation, & de ne noter que ceux
qui se produisent sur le cœur, les arteres & les
veines, est suffisamment détruite par le fait des
fievres pituiteuses qui, selon la remarque de M.
Stool, intéressent spécialement les fonctions ani-
males, & ne portent qu'une atteinte légere aux
fonctions vitales, dont l'exercice se continue encore

avec aifance , & dont l'économie fubfifte dans une intégrité apparente. *Rat. med.*

Ce que nous faifons connoître des définitions qu'on donne ordinairement de la fievre , fuffit pour nous prouver combien il eft difficile de la repréfenter fous des traits qui embraffent à la fois tous fes phénomenes , & qui puiffent fe prêter aux modifications variables dont ils paroiffent fufceptibles. Cette difficulté vient fans doute de ce que la fievre n'étant point une efpece de maladie déterminée , mais plutôt un accident des maladies , capable de s'unir & de fe compliquer avec des caufes maladives bien différentes , elle doit néceffairement fe montrer fous une apparence bien différente , felon qu'elle exifte avec telle ou telle altération des humeurs ; car ce font ces altérations humorales qui conftituent les caufes des maladies auxquelles la fievre fe joint comme fymptôme , & dont le plus fouvent elle facilite la deftruction. Or , il n'eft pas douteux que ces altérations diverfes introduifent des changemens notables , même dans les caracteres effentiels de la fievre , & qu'elles la modifient au point de rendre méconnoiffables ceux de ces caracteres qui paroiffent accompagner les mouvemens fébriles avec le plus de conftance , & qui femblent dès-lors former comme néceffairement le phénomene de leur production. Ainfi , l'altération inflammatoire ou phlogiftique porte fur les modifications du pouls un caractere qui fuffit pour la diftinguer , non-feulement de la fievre éphémere dans laquelle l'égalité & la foupleffe du pouls contraftent affez vifiblement avec la plénitude , la vîteffe & la fréquence de celui qui a lieu dans une fievre inflammatoire bien établie , mais encore de toutes les efpeces de fievres poffibles , dont aucune ne marche

avec la même intenſité de force & de vigueur.
Nous avons déjà remarqué que la dégénération
pituiteuſe des humeurs, décide ſouvent une eſpece
de fievre lente, qui eſt marquée par la lenteur du
pouls, l'affoibliſſement de toute la conſtitution, &
une proſtration totale des forces. Nous aurions pu
ajouter que dans les fievres entretenues par cette
ſorte d'altération maladive, la chaleur n'eſt pas
ſenſiblement augmentée ; de ſorte que, ſelon
l'obſervation de *Galien*, il faut arrêter long-temps
la main ſur le corps pour s'appercevoir de ſon
accroiſſement. Mais dans ces fievres par cauſe
pituiteuſe, la chaleur a de plus un caractere par
lequel elle differe de celle qui accompagne les fievres dont la formation eſt due par exemple à une
dégénération bilieuſe, c'eſt qu'elle laiſſe ſur le tact
une impreſſion de molleſſe & d'humidité, qui n'a
rien de ſemblable à l'*âcreté vivement pénétrante* de
la chaleur produite par la ſurabondance de la bile,
& dont *Galien* comparoit l'impreſſion à celle *que
la fumée fait ſur les yeux.*

Enfin, il eſt bien ſolidement acquis aujourd'hui,
par une infinité d'obſervations, que la circonſtance
d'avoir ſa cauſe fixée dans les premieres voies,
aſſujettit une fievre à des redoublemens périodiques, dont la puiſſance appuye également ſur tous
ſes phénomenes principaux, qui ſe changent &
s'alterent à meſure que la fievre s'éloigne de la
marche continue pour avancer vers la rémittente ;
& ce progrès s'acheve avec d'autant plus de vîteſſe,
que l'altération maladive, dans laquelle conſiſte la
cauſe de la fievre, occupe une portion plus étendue
des premieres voies, & ſe trouve placé ſous une
dépendance plus entiere & plus abſolue de ces
organes.

Il y a donc deux fortes de phénomenes à confidérer dans la fievre ; les uns qui fe rapportent
à elle feule , qui découlent de fon effence , & qui
exiftent toujours les mêmes dans fa plus grande
fimplicité ; les autres qui font relatifs aux diverfes altérations maladives avec lefquelles la fievre fe joint
& fe complique ; & dès-lors les modifications indé-
finies qu'ils admettent , doivent fe proportionner
à la variété des caufes dont ils empruntent leur
exiftence & dont ils fuivent les changemens. Il en
eft de la fievre comme de la petite vérole , dont
les caracteres particuliers qui la fpécifient & la dé-
terminent à être ce qu'elle eft , fe modifient diverfement par les complications qu'elle contracte , &
dont la fimplicité primitive s'efface & s'altere à
mefure qu'elle s'unit avec les divers germes de maladie qui fe développent dans les corps expofés à
fes atteintes.

Maintenant il me femble que nous ne devons
faire entrer dans la defcription de la fievre , que
ceux de ces phénomenes qui dépendent d'elle exclufivement , & qui la caractérifent de maniere à nous
la faire connoître par-tout où elle fe trouve , &
à nous la faire diftinguer dès caufes de maladie
qu'elle accompagne pour l'ordinaire. Dans cette
vue , il faut en exclure tous les fymptômes qui ne
lui appartiennent pas en propre , & la dépouiller
de tous ceux qu'elle doit à la co-exiftence de certaines altérations humorales qu'elle s'applique à
détruire , pour s'arrêter uniquement aux phénomenes qui fe produifent avec d'autant plus de vérité & d'évidence , qu'elle touche de plus près à
fon état de fimplicité primitive , dénuée de toute
efpece de complication , & qui dès-lors lui deve-
nants effentiels , peuvent feuls fervir à nous déve-

lopper fa nature. D'après cette maniere de décrire
la fievre (fur laquelle eſt fondée toute la méthode
lumineuſe. du ſavant M. *de Grimaud*) nous ferons
conduits à regarder la collection des phénomenes
que nous raſſemblerons comme conſtituant la fievre
en général , & à faire autant d'eſpeces différentes
de fievre , qu'il y a de dégénérations ou de cauſes
matérielles capables de l'exciter , de l'entretenir
& de la modifier en s'identifiant avec elle. Et en
ſuivant cette idée , nous devrions examiner d'abord
quelles ſont les influences avantageuſes ou nuiſibles
que la fievre en général peut avoir ſur le ſyſtême
entier des maladies chroniques , & les comparer
enſuite aux effets de chaque eſpece de fievre priſe
en particulier , afin de déterminer plus préciſément
les divers rapports ſous leſquels le ſymptôme fébrile peut être utile ou dangereux , par rapport à
certaines eſpeces & à certains temps des maladies
chroniques. Mais comme la Société royale ne paroît
pas exiger de nous un travail auſſi complet ; je crois
que pour répondre directement à ſon programme,
il me ſuffira de marquer les différens effets de la
fievre ſimple , & conſidérée en général dans les
différens cas des maladies propoſées, & d'indiquer,
comme en paſſant , ceux que telle ou telle eſpece
de fievre pourroient produire dans les mêmes circonſtances. Je vais donc expoſer d'une maniere
générale les traits caractériſtiques de la fievre ; &
lorſque nous en ſerons venus aux applications , je
noterai en peu de mots , & comme par occaſion ,
les avantages ou les dangers qu'on a droit d'attendre des phénomenes qui appartiennent plus ſpécialement aux différentes eſpeces.

Et d'abord , pour nous prêter à l'établiſſement
d'une méthode facile , nous devons diviſer la durée

totale de la fievre en trois temps ou périodes , dont chacun comprend un affemblage de phénomenes qui ne fe produit pas dans les deux autres , & qui occupe & circonfcrit l'efpace de fon développement partiel.

Le début de la fievre eft communément marqué par un fpafme général qui , des plans des plus fuperficiels de la peau , s'étend jufqu'aux organes intérieurs , & entraîne les forces de la circonférence du corps vers le centre épigaftrique , fuivant une direction contraire à leur diftribution naturelle. C'eft ce fpafme fixement établi qui décide tous les fymptômes dont le premier période eft accompagné , comme font , par exemple , le dérangement de toutes les fonctions , le friffon , le refferrement & la contraction de l'organe de la peau , la langueur , la foibleffe , l'amaigriffement , la difparition des vaiffeaux fanguins , & de la couleur vermeille qu'ils entretiennent dans l'état ordinaire de fanté , le deffèchement des plaies & des ulceres placés à la fuperficie du corps , les laffitudes fpontanées , les horripilations , le mal-aife , la difpofition au fommeil , la difficulté de refpirer , une fenfibilité déplacée qui répond par des fenfations vives aux moindres caufes d'excitation , une inertie profonde dans les forces mufculaires , qui ne peuvent exécuter avec aifance les mouvemens accoutumés , &c. Tous ces effets dépendent fans doute des fpafmes qui frappent l'organe de la peau , & qui s'établiffent enfuite fur différentes parties , fuivant des directions infiniment variées. On peut rapporter auffi quelques-uns de ces fymptômes au changement d'ordre introduit dans la diftribution ordinaire des mouvemens vitaux qui , au lieu d'aller du centre épigaftrique à la circonférence du corps , fuivent

une direction rétrograde, & se portent de la circonférence au centre ; mais l'existence du spasme
fébrile s'annonce sur-tout d'une maniere évidente
par la production du froid que ressentent les malades, & du frisson qui agitent tous leurs membres ;
& ce qu'il y a de remarquable, c'est que la sensation de froid dont se plaignent les malades, ne
répond point à une diminution proportionnelle de
chaleur ; en sorte que souvent la chaleur observée
au thermometre, reste non-seulement à son degré
naturel, mais encore elle augmente & s'éleve quelquefois d'une quantité considérable. MM. *de Haën*
& *de Haller*, ont observé qu'elle pouvoit prendre
un accroissement de douze ou treize degrés, &
monter par conséquent jusqu'au cent dix-septieme
ou cent dix-huitieme du thermometre de Fareinheit.
M. *Cullen* a bien vu que la sensation du froid étoit
ressentie par le malade, quoique sa peau paroisse
chaude à toute autre personne. *Med. prat.*

Ces observations confirment que le froid du premier période de la fievre est occasionné par le spasme
fébrile, qui peut donc exister sans qu'il y ait une augmentation réelle de froid, mais qui en décide presque
toujours la sensation, parce qu'il est accoutumé à
coexister avec elle. Et voilà pourquoi cette sensation doit être traitée comme une sensation fausse,
trompeuse, & dont il est impossible à l'art de calmer la vivacité par l'emploi des moyens les plus
énergiques & les plus puissans pour rappeller &
maintenir la chaleur. *Hippocrate* pensoit bien que
la sensation du froid pouvoit se lier & s'associer à
l'établissement d'un spasme, de maniere qu'elle le
suivît presque nécessairement, comme il est aisé de
s'en convaincre par le passage de son livre *de fla-
tibus*, où il dit : *obstructo inferiori ventre in uni-*

verfum flatus percurrunt, (& *Hippocrate* reconnoiſſoit que les vents dépendent pour l'ordinaire des ſpaſmes légers) & *ad ſanguinem refertas corporis partes elapſi refrigerent , videlicet contractione impediendo ſanguinis afluxum.* Tous les phénomenes que nous avons raſſemblés , prouvent donc victorieuſement que le premier période de la fievre eſt déterminé par un ſpaſme général , ou par la concentration des forces vers la région épigaſtrique dans laquelle réſident les viſceres intérieurs : Et comme cette région entretient des ſympathies multipliées , avec tous les autres organes dont elle forme pour ainſi dire le centre ou le point de réunion , il n'eſt pas étonnant que ce ſpaſme ſe répete promptement ſur preſque toutes les parties du corps , dans leſquelles il décide des phénomenes qui ſe rapportent à l'affection primitive de l'eſtomac , dont la contraction vive s'annonce d'ailleurs ſuffiſamment par les douleurs locales qui affectent quelqu'une des parties de ce viſcere , par les envies de vomir , la ſéchereſſe de l'œſophage , &c.

(L'exiſtence de cet état ſpaſmodique pendant le premier période de la fievre , eſt confirmé par la maniere dont les cauſes qui précedent l'établiſſement de la fievre agiſſent ſur le corps. Telle eſt en effet la nature de ces cauſes , qu'elles ſuffiroient ſeules pour amener une diſpoſition pareille à celle que le ſpaſme réaliſe, & que la fievre met en acte , puiſque les ſujets qui reſtent long-temps expoſés à l'action de ces mêmes cauſes , finiſſent par éprouver tous les accidens attachés au ſpaſme , & tombent dans des maladies nerveuſes proprement dites, s'ils parviennent à éviter les effets de la fievre. C'eſt ce que produiſent en général toutes les cauſes d'irritation

poſſibles, ſur-tout lorſqu'elles ſont immédiatement
appliquées ſur la région du bas-ventre, comme ſont
par exemple les paſſions de l'ame, les alimens
âcres, les miaſmes contagieux pris par l'œſophage,
l'application des ſubſtances cauſtiques, corroſives,
aſtringentes, le paſſage ſubit & non ménagé d'une
température chaude à une température froide, &c.)

Enfin, cet effort contractile qu'éprouvent donc
tous les faits du premier période fébrile, eſt rendu
ſenſible par les modifications du pouls, qui eſt petit,
foible, concentré, rare & vîte, de maniere cependant que la contraction l'emporte ſur la dilatation,
ſuivant la remarque de *Galien.*

Dans le ſecond période de la fievre, les forces
rejetées, repouſſées du centre à la circonférence,
ſe dirigent vers l'organe de la peau, & avec elles
ſe propage une chaleur ardente, qui ſuccede au
friſſon du premier ſtade ; alors tous les ſymptômes
changent, & le ſpaſme qui les cauſoit fait place
à un état d'expanſion & de détente qui traîne
à ſa ſuite des phénomenes d'un ordre bien différent.
La marche du ſang n'éprouvant plus aucune contrainte par la contraction & le reſſerrement de l'organe cellulaire s'exécute librement, & la nouvelle
direction qu'elle ſuit permet à ces fluides de ſe
répandre & de circuler à travers le tiſſu ſpongieux
de la peau ; ce qui ramene la couleur éclatante que
ces parties avoient perdues, & décide dans les
chairs une tuméfaction qui ſurpaſſe de beaucoup
leur degré ordinaire d'embonpoint. La nouvelle diſtribution des forces qui tendent du centre épigaſtrique vers la ſurface extérieure du corps, s'accompagne d'une ſenſation de chaleur, dont l'intenſité
ne répond pas à ſon augmentation réelle qui lui eſt
toujours inférieure, puiſque le plus fort accroiſſement

qu'elle puisse éprouver est de douze ou treize degrés; quantité qui n'est pas comparable à celle qui seroit nécessaire pour produire la sensation de chaleur dont le malade se plaint.

Le pouls est fort, fréquent & ne perd rien de sa vélocité, quoique, à tout prendre, la dilatation de l'artere s'acheve plus promptement que la contraction qu'elle surpasse en vigueur dans ce second période de la fievre; ainsi tout annonce que les forces & les mouvemens obéissent à une nouvelle tendance, & que la contraction vive ou le spasme du premier tems est effacée par la reaction victorieuse du second.

Enfin le troisieme période commence du moment où les forces rentrent dans leur mode naturel de distribution, & il se termine ordinairement par une éruption abondante de sueurs qui coulent avec uniformité de tous les points de la superficie du corps, & qui, sans être toujours critiques par rapport à l'altération maladive que la fievre reconnoît pour cause, ne laissent pas de l'être en général, par rapport aux mouvemens fébriles dont elles dissipent l'appareil, en portant & répendant les forces d'une maniere égale sur toutes les parties du corps qu'elles parcourent toutes également. *Hippocrate* donne une description de la fievre qui pourroit servir de texte à la nôtre. *Cum pedes frigidi fuerint, necesse est ventriculum multo fastidio plenum & præcordium intentum & corporis jactationem, propter internam tardationem & dolores & eger distrahitur & vomere cupit & si prava vomuerit dolet..... Postquam vero calor ad pedes descendit & urina progressa est, etiam si non sudavit, omnia desinunt. Hip. de vict. in acut.*

L'alternative du froid & du chaud est donc le phénomene fondamental & majeur sur lequel s'appuÿent & roulent tous les fymptômes qui appartiennent à la fievre prife dans fon état de fimplicité (1), & fous ce point de vue elle fe trouve liée par des rapports frappans de convenance avec les affections nerveufes proprement dites, confidérées indépendamment des vices qu'elles introduifent à la longue dans les humeurs. Il eft en effet facile de prouver que toutes les circonftances de ces maladies font, tant qu'elles ne fortent pas de leur état de fimplicité, les mêmes que celles dont nous avons fait l'énumération en décrivant les deux premiers périodes de la fievre générale ou élémentaire.

(1°. La fievre eft fujette à éprouver des retours périodiques, réglés, & à divifer fa marche en accès partiels qui font féparés par des intervalles de repos. Cette maniere de procéder eft précifément celle des maladies nerveufes qui fe font fentir pour l'ordinaire à plufieurs reprifes détachées & dont la durée entiere n'eft prefque jamais remplie par des fymptômes d'une égale intenfité, & qui fe foutiennent fans interruption jufqu'à la fin. Ainfi l'épilepfie fuit une marche périodique ; les fymp-

(1) On ne peut exprimer plus clairement que le fait *Hippocrate*, cette direction de deux mouvemens dont la contrariété & l'oppofition forment le caractere effentiel de la fievre. *In febre*, dit-il, *per horrorem fanguinem ab extremis corporis partibus quæ exfangues & propter frigus palpitant decedere & concurrere ad locos maximè calidos & obfanguinis ibi collecti abondantiam fufcitari calorem ad externa demum tranfeuntem. Hip. lib. de Flat.*

Hoffman s'explique encore d'une maniere plus formelle. *Duplex enim in febre fociatus motus, unus qui a periferiá ad centrum five à partibus externis ad internas, & pulmones vergit, alter qui hunc fequitur contrarius à centro ad corporis periferiam ; duplex hic motus diverfæ plane indolis atquè virtutis eft : primus ille a periferiá ad centrum minus falutaris fed morbofus quin interdùm mortifer ; alter vero ab interioribus & centro ad circumferentiam motus falutaris eft & vitalis, imò medicinalis & confervatorius. Sub hoc enim & per hunc materia fpafmum febrilem ciens difcutitur ejicitu & ipfa febris folvitur. Hoffman, pag. 1. fect. 1. cap. 1. prol. de fib. nat. pag. 10.*

tômes de l'hipocondriacie s'affoupiffent & fe réveillent de diftance en diftance ; les perfonnes va-
poreufes ne font affaillies de toutes les incommodités
relatives à leur genre de maladies que de temps en
temps, & comme les fymptômes des fievres intermittentes, leurs maux fe répetent & fe fuivent par des
intervalles réglés qui laiffent entr'eux un état de tranquillité bien manifefte. C'eft fans doute cette reffemblance qui a porté M. *Whitt* à placer la raifon des retours périodiques , affectés aux fievres intermittentes, dans une difpofition nerveufe, fpécifique , fixée fur les premieres voies. M. *Wan-Svieten*
fait auffi dépendre cette caufe d'une difpofition indéterminée dans le fyftême nerveux.

2°. Les maladies nerveufes & la fievre peuvent
avoir une même origine & être décidées par le
même concours de circonftances extérieures ; ainfi
tous les moyens d'irritation portés fur la région
épigaftrique , ou même en général fur la furface
intérieure de quelques vifceres , font également capables , & d'exciter la fievre & de développer des
fymptômes nerveux , comme nous l'avons expofé
précédemment.

3°. La maniere dont fe terminent les deux affections que nous mettons ici en parallele , vient encore
en preuve de l'analogie qui les unit ; car nous avons
vus que le troifieme période de la fievre en amene
la folution , en décidant une erruption abondante
de fueurs dont l'effet eft de relâcher, de ramollir
le corps, en changeant la diftribution vicieufe de fes
mouvemens ; *in omni febre utilis eft rarefactio
& relaxatio.* Or , les obfervations de MM. *Freind,
Whitt , Tiffot , Cullen* , &c. ont prouvé que les
maladies dans lefquelles le génie nerveux prédomine,
ont coutume de fe terminer par un écoulement

de fueur analogue à celui qui fait la folution naturelle de la fievre ; c'eft que ces fueurs s'établiffent
fur les ruines du fpafme qui les empêchoit de cou-
ler, & qui, une fois rompu, permet aux forces
de fe répandre uniformément fur toute l'habitude
du corps, dont tous les points s'ouvrent librement
à l'erruption de la fueur qu'elles menent à leur
fuite.

4°. La concentration ou l'accumulation des forces fur l'épigaftre pendant le premier période de la
fievre, eft mis en évidence par les concrétions
polypeufes & l'amas d'un fang noir & épais, qui
fe trouvent occuper le voifinage des poumons &
du cœur chez les perfonnes mortes au milieu d'un
accès fébrile. Mais fi nous faifons attention que les
maladies de nerfs, déterminées par des fpafmes fixés
& long-temps foutenus fur les vifceres du bas ventre, laiffent les mêmes accidens après elle, nous
pourrons, de ces deux faits rapprochés, tirer un
nouveau trait de reffemblance entre les deux affections dont nous cherchons à démontrer l'analogie :
or, nous ne craignons pas d'avancer que l'affection
hypocondriaque, dépendante d'un état fpafmodique
ou nerveux des organes digeftifs, laiffe affez communément de ces concrétions polypeufes, qui far-
ciffent & embaraffent les vaiffeaux de l'eftomac. Le
célèbre M. *Kœmpf* affure avoir prefque toujours
vu ces vaiffeaux diftendus & gorgés d'un fang noir
& épais chez les cadavres de ceux qui étoient
morts à la fuite de la maladie qu'il appelle *infarctus
vaforum abdominalium*, laquelle n'eft autre chofe
qu'une affection hypocondriaque produite par un
état fpafmodique ou nerveux des premieres voies.

5°. On fait que la fievre introduit à la longue
une conftitution vraiment nerveufe, que fes mouve-

mens répétés avec trop de fréquence, amenent quelquefois des maladies de différentes efpeces qui tiennent à cette conftitution, & qui, lorfque la fievre eft terminée d'une maniere incomplette ou trop brufque, fe produifent dans toute la vérité & dans toute la plénitude de leur exiftence. Tous les obfervateurs nous fourniffent des exemples de ces fortes de maladies furvenues à la fuite des fievres intermittentes fupprimées mal-à-propos, ou par l'adminiftration mal-entendue du quinquina.

6°. Le Médecin eft d'autant plus autorifé à placer les maladies nerveufes dans une claffe voifine de celle des fievres, qu'elles demandent affez fouvent l'emploi des mêmes moyens curatifs. Tous les Praticiens ont vu des affections nerveufes guéries par le quinquina, dont l'ufage, comme on le fait, a quelque chofe de fpécifique dans les fievres intermittentes qui, fous ce rapport, viennent donc encore fe confondre avec ces premieres.)

Les rapports que nous venons d'établir fe prennent de la fievre, en tant que fievre, & comme détachée de toutes les caufes qui la décident, mais ne la forment pas; ils découlent de fon effence réelle, & ils exiftent, malgré toutes les complications qui la changent, la modifient & la détournent continuellement de fa fimplicité primitive. L'établiffement de ces rapports fuppofe donc des caracteres qui ne peuvent fe trouver que dans cet état de pureté, c'eft-à dire, dans les phénomenes dont cet état préfente l'appareil, & dont l'origine exclut formellement l'idée de toute efpece de caufes différentes; car les phénomenes émanés de ces caufes, ne peuvent fervir à caractérifer la fievre en général, & fous l'apparence exclufif d'un acte febrile, puifqu'ils tiennent à des dégénérations humorales par-

ticulieres , qui annoncent des maladies diverses
avec lefquelles la fievre s'unit, fe complique & fe
modifie d'une maniere très-variée (1). Or , ces
dégénérations humorales fe divifent en plufieurs
claffes , dont chacune donne lieu à des efpeces de
maladies femblables , congéneres , & qui font réellement du même ordre , avec des différences néanmoins détérminées par la circonftance de s'exercer
dans tel ou tel organe , d'une maniere plus fpéciale ;
& comme toutes les efpeces d'affections locales d'un
feul & même genre , ou qui tiennent à une feule &
même caufe , à un feul & même fond de maladie ,
s'accompagnent pour l'ordinaire de fievres qui fe développent de la même maniere , éprouvent des redoublemens femblables , & produifent des phénomenes
analogues , nous fommes conduits à reconnoître
que chaque organe eft fufceptible de recevoir autant
d'affections diverfes qu'il y a d'efpeces de fievres
différentes , que les mots péripneumonie , ophtalmie , dyffenterie , fievre , font des mots également
vagues , fi leur fens n'eft déterminé par la connoif-

((1) On peut regarder tout ce que je dis depuis la page 64 jufqu'à
la page 66 , comme un tableau abrégé de la doctrine que l'on enfeigne
dans l'Univerfité de Montpellier , où je me félicite d'avoir fuivi long-
temps les leçons de plufieurs grands Maîtres , tels que MM. *Brouf-*
fonet , *Vigarous* , *de Grimaud* , *Fouquet* , &c. Je m'appuye avec confiance fur l'autorité refpectable de cette fameufe École , dont la
gloire n'a rien perdu de fon ancien éclat , & dont le mérite n'eft
point au-deffous de la célébrité que lui valurent de grands hommes ,
& que l'on voit fe foutenir encore au même niveau par le zele &
les moyens de ceux qui les font revivre. Si les Médecins françois
avoient tous écrit fur la philofophie médicinale , d'après des vues
auffi relevées que celles du Chancelier *de Barthez* , s'ils avoient
toujours expofé fur la Médecine pratique des idées auffi faines que
celles de M. *de Grimaud* , ils auroient eu moins fouvent à endurer
la dérifion & le mépris des favans étrangers. On doit fouhaiter que
l'un continue le fuperbe ouvrage qu'il a déjà commencé , & que
l'autre donne bientôt au public fon cours de fievres , qui eft fans
contredit le traité le plus complet & le plus achevé qu'il foit poffible de citer en ce genre.)

fance

fance de la caufe dont elles dépendent , & dont
elles doivent tirer leur dénomination fpécifique ;
qu'il y a conftamment un rapport, une liaifon entre
l'enfemble des phénomenes relatifs à la fievre qui
accompagne chaque affection locale , & la nature
même de ces affections , qui doit donc dès-lors
être étudiée dans le génie de la fievre concomitante,
fuivant le précepte de MM. *Selle* & *Stool* , auquel
MM. *Weiff* & *Plenciʒ* ont donné le dernier degré
d'évidence ; ainfi , pour nous fervir d'un exemple à
la portée de tout le monde , la péripneumonie n'eft
point une affection qui foit toujours la même , &
elle doit fe divifer en autant d'efpeces différentes ,
qu'il y a de caufes maladives capables de fe fixer
fur le poumon , & d'y établir un principe d'inflammation.

Sydenham difoit , en parlant de la péripneumonie , qu'elle ne différoit de la fievre générale , qu'en
ce que dans cette derniere la caufe avoit plus d'énergie & d'extenfion. Il y a donc une péripneumonie
inflammatoire exquife , & celle-là s'accompagne
d'une fievre qui , dans fa marche & dans fes progrès , préfente des analogies multipliées avec la
fievre inflammatoire générale , & qui lui reffemble
au point d'indiquer pour la péripneumonie la même
méthode de traitement que fi elle exiftoit toute feule,
& complétement dégagée de l'affection locale avec
laquelle elle eft unie. Il y a une péripneumonie
bilieufe gaftrique , & le caractere le plus décifif que
donne M. *Stool* pour la reconnoître , eft le génie
de la fievre concomitante, qui ne differe pas de la
fievre gaftrique bilieufe proprement dite , & confidérée indépendamment de toute complication locale, dont la caufe dépend, comme on le fait ,
d'un amas de fucs bilieux contenus dans les pre-

E

mieres voies. *Duret* , *Bianchi* , *Stool.* & plufieurs
autres , ont décrit des péripneumonies bilieufes
effentielles , c'eft-à-dire , qui reconnoiffent pour
caufe une dégénération bilieufe placée fur la fubftance même du poumon , & celle-ci s'accompagne
d'une fievre à laquelle il ne manque rien pour être
confondue avec la fievre bilieufe générale , décidée
par une furabondance de bile qui infecte la maffe
entiere des humeurs. *Bianchi* obferve que cette
fievre retient pour l'ordinaire les principaux caracteres des fievres intermittentes qui fuivent le type
tierce ; *febris concomitans eft de genere tertiana-*
rum & magno cum ardore & calore acerrimo pro-
cedit. Enfin , les fucs muqueux ou pituiteux dé-
pofés fur l'organe pulmonaire , y établiffent le
fiege d'une affection véritablement pituiteufe qui fe
produit fous les fymptômes de la péripneumonie
effentielle , & qui attaque ordinairement les hommes d'un âge avancé & d'un tempérament affoibli.
On peut voir dans la defcription qu'en ont donné
Sydenam , *Huxam* , *Stool* , fous le nom *de perip-*
neumonia notha ; *Grant* fous celui de *peripneu-*
monie attrabilaire , combien la fievre qu'elle s'af-
focie conferve de reffemblance avec la fievre lente
nerveufe d'*Huxam* qui , comme nous l'avons déjà
dit , eft une fievre pituiteufe par excellence. C'eft
donc , encore un coup , dans le génie de la fievre
concomitante que nous devons chercher à connoître ce qui différencie réellement les affections locales , & dès-lors c'eft fur la connoiffance de cette
fievre que porte la regle unique d'après laquelle
nous devons claffer les affections locales , & en
foumettre les efpeces à un ordre de divifion qui
puiffe facilement fe rapporter à la pratique.

Ce que nous venons de dire doit s'entendre des

maladies chroniques comme des maladies aiguës ;
& la loi d'étudier les especes des maladies dans la
nature de la fievre concomitante , convient également aux unes & aux autres , puisqu'elle indique
la nécessité où nous sommes d'employer tous les
moyens capables de nous dévoiler la cause d'une
maladie pour être en droit de prononcer sur sa
véritable nature , & de déterminer au juste ce
qu'elle est ; car les indications curatives se tirent
toutes de la cause qui entretient la maladie , & il
n'y a de traitement convenable & solide , que ce ui
dont l'objet est de combattre cette cause , de la
détruire , ou du moins de l'énerver sensiblement.
Or , chaque espece de cause maladive peut marcher
avec vitesse & se produire sous forme d'affection
aiguë , ou bien elle peut opérer par un mouvement moins rapide , & s'établir d'une maniere
lente & chronique , sans qu'elle cesse pour cela
d'être essentiellement & fonciérement la même ;
car , le temps que dure une maladie ne peut
servir à la caractériser d'une maniere convenable,
& la distinction établie entre les affections aiguës
& les affections chroniques n'est d'aucune utilité
pour le Médecin-praticien qui doit placer dans
la même classe toutes les maladies susceptibles
de céder à la même méthode de traitement :
& n'est-il pas clair que les maladies qui reconnoiffent une seule & même cause génératrice doivent être
soumises à l'action des mêmes moyens curatifs,
quel que soit d'ailleurs l'espace de durée auquel
répond le développement total de leurs phéno-
mênes? Le temps en effet pris en lui-même n'est
qu'une abstraction de l'esprit qui n'a d'autre valeur
réelle que celle qu'on est convenu de lui attacher.

Cette distinction des maladies déduite de leur

durée plus ou moins longue, est dans le fait si peu importante que les premiers Médecins ne la connoissoient pas. *Hippocrate* a fait un traité de *victu in acutis* ; mais il est aisé de voir que par ce mot il entend en général toutes les maladies qui se compliquent de symtômes graves & qui inclinent à la mort, ou qui sont menacées au moins d'une terminaison prompte & pernicieuse. On ne voit dans ses ouvrages rien qui puisse se rapporter aux maladies chroniques. Ce n'est qu'a l'époque où se montra la secte des méthodistes que l'on vit paroître cette division des maladies, & *Thémison* est le premier au rapport de *Cœlius-Aurelianus* qui ait écrit en particulier des maladies longues & chroniques. *Cœlius* assure même que de tous les Médecins qui étoient venus avant *Thémison*, les uns n'avoient rien dit de ces maladies, soit qu'ils les jugeassent incapables de céder aux remedes de l'art, soit qu'ils aimassent mieux les placer sous la dépendance des baigneux, que sous le domaine des Médecins, les autres n'en avoient traités que d'une maniere vague, peu détaillée, & en même-temps qu'ils avoient parlé des maladies aiguës Ce qui nous induit fortement à croire qu'ils regardoient les maladies aiguës & les maladies chroniques comme devant être comprises dans une seule & même classe, & comme pouvant former des états différens d'une même maladie, sans apporter aucun changement, aucune différence à sa véritable nature.

L'opinion des anciens étoit bien mieux entendue que celle des modernes qui ont voulu separer & diviser les maladies aiguës des maladies chroniques, & les ranger comme des épeces différentes dans deux classes générales & distinctes. Je ne vois pas en effet pourquoi deux maladies qui reconnoissent la même

cauſe formatrice , & qui par conféquent demandent à l'art, les mêmes fecours ceſſeroient d'etre iden-
tiques & femblables, parce que l'une s'acheve en
plus ou moins de temps que l'autre. Et en effet
il n'y a prefque point de maladies qui ne fe préparent
d'une manière lente & fucceſſive, & qui à mefure
qu'elles fe forment ne préfentent tous les caracteres
d'une affection chronique. Ce n'eſt qu'à la longue ,
peu à peu , & lorfqu'elles font entiérement formées , que leur marche devient plus manifefte
& plus rapide. Dira-t-on pour cela que toutes
les maladies changent de nature pendant la durée totale de leur développement , & que prifes à leur origine , elles different eſſentiellement
de ce qu'elles font dans la fuite ? MM *Vagler*
& *Roëderer* difent que la maladie muqueufe dont
ils donnent la defcription , étoit prefque toujours
chronique dès fon début, & qu'elle ne devenoit
aiguë ou fébrile que long-temps après , & le plus
fouvent à l'occafion de quelque caufe accidentelle
ou extérieure. *Rariſſimè ſecunda (acuta) hujus
morbi ſpecies ſimul & ſemel hominem adoritur ,
quam ut plurimùm præliminaria chronica è lon-
ginquo quaſi diſponunt , donec vel per tranſitum
quemdam , rariori in caſu per ſaltum additâ cauſâ
cujuſdam ſcintillâ ut animi pathemate , irâ, mœ-
rore , febris incendium ſuſcitetur &c. de mor . muc.
pag. 74.* Voilà bien certainement une feule & même maladie chronique à fon origine , & qui fe
transforme en aiguë dans la fuite, par la feule raifon qu'elle devient fébrile ; & puifqu'elle demandoit
d'ailleurs l'emploi des mêmes moyens curatifs dans
l'un ou l'autre période , il eſt clair que la circonftance d'être plus ou moins avancée, n'apportoit aucune altération , aucun changement à fa véritable

nature , & qu'elle ne laiſſoit pas d'être toujours
la même , ſoit qu'elle fût exempte , ſoit qu'elle fût
accompagnée de fievre pour paſſer de la forme
chronique à l'état aigu.

(*Valleſius* avoit avancé que les maladies aiguës
pouvoient ſe prolonger au-délà du vingt-ſeptieme
jour , d'après un paſſage des épidémies , dans
lequel le pere de la Médecine donne la deſcription
d'une fievre aiguë qui ne décida la mort qu'au delà
de ce terme. *Proſper Martian* cherche à détruire
cette prétention de *Valleſius* , en faiſant voir que
le malade dont parle *Hippocrate* ne fut pas travaillé
d'une affection aiguë pendant tout le temps que du-
ra la maladie , puiſque le quatorzieme & le ving-
tieme jour , il fut exempt de fievre & perdit dès
lors le caractere eſſentiel qui pourroit nous faire
regarder ſa maladie comme ayant été aiguë depuis
le commencement juſqu'à la fin : *quandò quidem
decimá quartâ die ſine febre fuit, atque etiàm vige-
ſimâ, & ideò non poteſt dici eum acutè laboraſſe
uſquè ad vigeſimum ſeptimum diem. Proſp. pag.*
2 2 1. En ſorte que *Proſper Martian* aſſigne l'exiſtence de la fievre comme ce qui détermine eſſentiellement une maladie à ſe préſenter ſous forme
aiguë , & il nous la donne pour le ſigne manifeſte
dont ſe ſervoit *Hippocrate* , lorſqu'il vouloit indiquer cet état ou cette modification des maladies.
Or nous avons prouvés, *qu'il eſt très-difficile d'établir aucune différence légitime entre des affections eſſentiellement fébriles & d'autres maladies qui manquent de tous les ſignes caractériſtiques de la fievre.* Nous pourrions ajouter
qu'*Hippocrate* dans ſon troiſieme livre des épidémies,
en montrant la ſucceſſion de pluſieurs maladies qui
ſe remplacerent mutuellement chez le même ſujet,
dit en termes formels , que ces maladies différoient

bien les unes des autres , en ce qu'elles étoient plus ou moins aiguës , mais que cette différence ne touchoit en aucune manière à leur nature réelle, *à præcedenti pariter differens non naturâ , fed acutie tantùm* , epid. lib. 3. fect. 2. Il eft donc bien plus conforme à la bonne logique de penfer que des maladies produites par une caufe commune , differant quelquefois par la manière dont la nature fe comporte à l'égard de cette caufe qu'elle attaque & combat avec plus ou moins d'activité , ne laiffent pas pour cela d'être analogues , congéneres & d'appartenir à la même claffe naturelle.)

Ainfi dans les maladies aiguës , la nature eft en poffeffion de toutes fes forces , & elle dirige contre leur caufe tout l'appareil des moyens propres à les affoiblir & à les détruire complétement. Dans les maladies chroniques , cette activité lui manque ; elle n'oppofe qu'une réfiftance moins vive , & les combats qu'elle leur livre font plus foibles & plus ralentis. De là vient qu'elles affectent une marche moins rapide & moins manifefte ; mais encore un coup , cette différence dans leur marche n'en fuppofe aucune dans leur nature , toutes les fois qu'elles dépendent de caufes femblables ; & nous voyons affez fouvent des maladies chroniques demander le traitement qui convient aux affections le plus éminemment aiguës. Il arrive par exemple tous les jours, que l'altération inflammatoire donne lieu indifféremment à des maladies longues ou courtes , qui fe guériffent par tout l'appareil des moyens antiphlogiftiques. *Sydenham* parle d'un rhumatifme chronique , qu'il traitoit d'abord par de fréquentes faignées , & dont il terminoit la cure par l'ufage très-abondant du petit lait & d'un régime végétal. Il n'eft pas rare de rencontrer ce rhumatifme obfervé par *Sydenham* ,

chez les perfonnes qui ont éprouvé la fuppreffion
de quelque évacuation habituelle , chez les
femmes parvenues à l'âge critique , lorfque la
ceffation des régles fe fait tout d'un coup , &c.
Morton a décrit une efpece de phthifie pulmonaire ,
entretenue par un état de phlogofe ou d'inflammation habituelle. *Stool* a vu des hydropifies qui ne
cédoient qu'à l'ufage continué des antiphlogiftiques.
Sidenham a connu des dyffenteries inflammatoires ,
& il rapporte l'obfervation d'une femme qui éprouvoit une dyffenterie depuis trois ans , dont il pro-
cura la guérifon par des faignées abondantes & fréquemment répétées. Une des caufes les plus familieres des maladies chroniques , eft fans contredit
l'état faburral des premieres voies , & les remedes
qu'elle indique fous cette forme, ne font pas différens de ceux qu'elle demande , lorfqu'elle décide
fimplement des affections aiguës.

Mais ce qui prouve fur tout l'analogie qui exifte
entre les maladies aiguës & les maladies chroniques dépendantes d'une caufe femblable , c'eft
qu'elles fe fuccedent mutuellement les unes aux
autres , c'eft qu'une maladie aiguë paffe facilement à l'état de maladie chronique , & que pour
opérer cette transformation , il fuffit quelquefois
de troubler la nature au moment où elle s'occupe
à corriger la matiere morbifique , ou bien de lui
interdire , par un effort brufque & mal entendu , les
voies de décharge & de folution qu'elle fe ménageoit
elle-même. *Hippocrate* avoit déjà dit que la pleu-
refie pouvoit paffer à l'état d'empiême , fi la matiere purulente n'étoit évacuée dans l'efpace de
quinze jours , & enfuite à celui de phthifie, fi l'établiffement de cette excrétion étoit retardée au-delà
du quarantieme ; ce qu'il exprime par les deux

aphorifmes fuivans. *Quibufcumque pleuritici fientes in quatuordecim diebus non repurgantur , his ad fuppurationem tranfitio fit, aph. 8 fect. 5. Quicumque ex pleuritide fuppurati fiunt, fi in quadraginta diebus repurgati fuerint ab eâ die quâ ruptio facta fuerit liberantur , fi verò non ad tabem tranfeunt. Aph.* 15. *fect.* 5. Les obfervations modernes confirment cette fentence *d'Hippocrate* ; tous les Praticiens ont vu des phthifies qui ne devoient leur origine qu'à des peripneumonies mal traitées , ou trop fouvent renouvellées. *Morton* dans fa fuperbe phtyfiologie remarque avec beaucoup de vérité que les péripneumonies mal terminées laiffent après elles dans la fubftance du poumon des tubercules dures & faciles à s'enflammer , qui deviennent une caufe fréquente de phthifie pulmonaire ; & ces tubercules indiquent les moyens qui étoient appropriés à la maladie aiguë précédente. M. *de Haën* cite quelques obfervations de ce genre ; & M. *Stool* a décrit bien des phthifies qui étoient furvenues à la fuite de ces péripneumonies ainfi dégénérées , comme on peut le voir dans le troifieme volume de fon *Ratio Medendi.* Le même Auteur a vu des hémophtifies inflammatoires dégénérer en phthifies qui confervoient avec elles la plus parfaite reffemblance. Il n'eft pas rare de voir des fievres aiguës fe transformer en maladies lentes & chroniques par le feul déplacement de la matiere morbifique qui, du fyftême vafculaire dans lequel elle rouloit librement, fe porte fur d'autres organes où cette liberté lui eft interdite. Ainfi la fievre inflammatoire générale fe termine quelquefois par un épanchement de férofité dans le tiffu cellulaire qui décide des hydropifies vraiment inflammatoires, comme l'a vu M. *Stool.* Ainfi la fievre bilieufe laiffe

souvent après elle des jauniffes partielles ou générales qui fubfiftent pendant long-temps. Nous
pourrions multiplier les faits de ce genre. Mais
outre qu'ils trouveront place dans le cours de ce
Mémoire , je crois que ceux dont nous avons fait
l'énumération fuffifent pour prouver victorieufement
que les maladies aiguës font fujettes à dégénérer
en maladies chroniques , qui, dans ce cas, doivent
bien évidemment être rangées fous la dépendance
du même état maladif. Enfin ce qui eft plus décifif
encore en faveur de l'opinion que nous établiffons
ici , c'eft que la même caufe peut produire indifféremment des maladies aiguës & des maladies
chroniques , felon qu'elle tombe fur des corps
placés dans telles ou telles circonftances. M. *Cullen*
obferve que la même fievre appliquée fur un fujet
qui jouit de toutes fes forces difpofe fes périodes
de tierce en quarte pour paffer à l'état de continue,
tandis qu'elle les transforme de continue en tierce,
en quarte , & ainfi toujours en fe prolongeant ,
lorfqu'elle attaque un corps affecté d'une débilité
fenfible. On ne doit pas être furpris d'après cela
que ces maladies foient également affujetties à être
altérées par le concours des mêmes objets extérieurs , & que M. *Stool* ait vu la phthifie demander
un traitement différent d'une faifon à l'autre , parce
que fon influence extérieure lui donnoit un caractere
bien différent, & produifoit fur elle les mêmes changemens qui arrivent à toutes les maladies aiguës
par une caufe femblable.

Après avoir prouvé que les deux opinions qui
étendent ou bornent trop le pouvoir de la fievre
font également défectueufes , il me refte à montrer
fes influences particulieres fur telles ou telles efpeces
de maladies chroniques. Après avoir décrit les deux

principaux périodes de la fievre dont l'un s'annonce
par des phénomenes évidemment fpafmodiques, &
lautre, par un mouvement de réaction ou de détente bien marqué, il me refte à les rapprocher
des phénomenes qui conftituent chaque claffe de
maladies chroniques, afin de les comparer enfemble & de déduire les biens ou les maux qui
doivent en réfulter. C'eft-là ce que je vais tâcher
de développer & d'éclaircir dans la feconde Partie
de ce Mémoire.

SECONDE PARTIE.

Pouvoir de la nature fur les Maladies, felon
qu'elles font plus fimples ou plus compliquées.
Tableau abrégé des Maladies chroniques.
Quelles font celles que la queftion concerne.
Les avantages ou les dangers de la fievre
indiqués par la caufe manifefte de certaines
Maladies. Celles qui fuccedent à des Maladies
antérieures. Celles qui dépendent de la fuppref-
fion d'un effort falutaire. Celles qui dépendent
de contagion. Caufes cachées ou matérielles en
tant qu'elles indiquent fi la fievre eft utile ou
nuifible. Maladies nerveufes, &c. Maladies hu-
morales, &c. Maladies fpécifiques, &c. &c.

Parmi les Médecins qui ont examiné les influences de la fievre fur différens états maladifs, quelques uns ont fenti la néceffité de remonter aux
principes & de faire voir en général les révolutions
étranges que les mouvemens fébriles doivent pro-

duire fur le corps qui en eft le fujet ; mais aucun
n'a déterminé au jufte le mode de cette action &
la nature des effets qu'elle doit décider par rapport
à telles ou telles efpeces de maladies en particulier,
de maniere qu'il regne encore beaucoup d'obfcurité
& de confufion fur les véritables circonftances qui
rendent la fievre utile ou dangereufe, parce que
portés à fubftituer toujours les produits de nos
conceptions à ceux de la nature, nous avons laiffés
échapper depuis long-temps la chaîne réelle des
maladies pour les affujettir & les plier à des claffi-
fications artificielles tirées de principes éloignés &
étrangers à la véritable doctrine du corps vivant,
parce qu'au lieu de regarder la fievre comme une
portion, comme un accident des maladies qu'elle
accompagne, & de s'en fervir pour étudier le
génie ou la nature réelle de ces maladies, les Médecins modernes en ont faits une claffe particuliere
d'affections maladives dont ils n'ont pu dès-lors
voir & faifir nettement l'influence fur des états de
maladie différens, parce qu'enfin on néglige un
peu trop la recherche intéreffante des grands rapports de liaifon qui uniffent entre eux tous les
phénomenes de chaque maladie dont on a fauffement voulu détacher la fievre concomitante, fans
qu'on fe foit apperçu que ces deux chofes comprifes
fous la même dépendance, affujetties au même
ordre de révolution & de développement devoient
fe rapporter le plus fouvent à une caufe identique &
commune, ce qui a fait perdre de vue les traits
frappans de convenance par lefquels ces deux
chofes fe touchent & fe confondent, les influences
réciproques qu'elles exercent l'une fur l'autre, &
les fins pour lefquelles la nature les affemble, les
unit & les combine d'une maniere fi étroite.

Il n'eſt pas douteux que chaque maladie dans ſa marche uniforme & réglée préſente un enchaînement bien ordonné de phénomenes, dont pluſieurs tendent puiſſamment à faciliter l'élaboration ou la coƈtion de la matiere qui la cauſe ; & c'eſt une choſe bien importante dans l'hiſtoire de ces phénomenes que de rechercher ceux qui rendent la maladie ſuſceptible de réclamer les ſecours de l'Art , pour les diſtinguer nettement de ceux qui l'affranchiſſent de ſon pouvoir. Ainſi toutes les maladies ſimples & familieres à la nature dont elle ſe débarraſſe par ſa propre aƈivité, s'irritent & s'aigriſſent au contraire ſous le dangereux emploi des remedes par leſquels l'Art a coutume de tourmenter & de contraindre les mouvemens ſalutaires ſur la régularité deſquels s'appuye la certitude de leur iſſue. Celles qui s'éloignent tant ſoit peu de cette ſimplicité primitive , telles que ſont les fievres éphémeres prolongées & toutes les affeƈions qui leur répondent dans l'ordre naturel des maladies , ſe terminent d'une maniere d'autant plus manifeſte & plus ſûre , que l'eſpace qui borne leur durée ne permet pas à l'Art d'altérer ſenſiblement les moyens que la nature ſe ménage contre elles. Auſſi le régime fait-il le point fondamental du traitement propre à ces ſortes de maladies, en cela d'accord avec les vues curatives de la nature , qui, par un inſtinƈ ſupérieur quelquefois à la raiſon , inſpire aux malades un dégoût abſolu pour toute ſorte d'alimens.

Mais à meſure que les maladies ſe compoſent elles deviennent plus réfraƈaires & elles cedent plus difficilement aux efforts de la nature , dont l'aƈivité ſe ralentit & s'éteint à proportion du temps qu'elles mettent à parcourir les différentes périodes qui partagent leur durée. C'eſt-là ce qui jette tant

d'obfcurité fur la pratique de l'Art dans les maladies longues & chroniques ; car comme elles font
affujetties à une marche obfcure & tacite, &
qu'emportées par un progrès lent & imperceptible,
elles ne nous permettent ni d'embraffer la longue
chaîne d'altérations & de changemens qu'elles
préfentent, ni de faifir diftinctement chacune des
nuances fucceffives & correfpondantes aux états
divers par lefquels elles font obligées de paffer, il
eft clair que le Médecin doit être inceffamment
embarraffé & fur le choix des remedes convenables
à la nature même de la maladie qu'il lui eft difficile
de concevoir dans toute fa vérité, & fur le temps
de leur application relative à fes divers états qui
fe trouvent d'ailleurs fans ceffe intervertis & dérobés
à fes regards par le défordre, le trouble & la
confufion que répandent fur fa marche fimple &
réglée, les accidens qui s'y joignent pendant le
développement total de fes phénomenes, lequel
comprend, comme nous l'avons déja dit, un efpace
de temps confidérable. Cependant comme il n'y a
point de liaifon néceffaire entre le temps & la nature réelle d'une maladie, & comme la collection
totale des phénomenes qu'elle produit peut feule
nous éclairer fur l'efpece de traitement qui lui convient, il faut la confidérer, indépendamment de tout
ce qui tient de près à la durée plus ou moins longue
de fon développement, il faut arrêter pour ainfi dire
fa marche, la décompofer en différentes périodes
partielles, ifoler chacun de fes temps, la dépouiller
de toute circonftance accidentelle ou étrangere,
écarter d'elle tout ce qui n'eft pas elle, ou qui ne
découle pas immédiatement de fon effence, &
oublier enfin toutes les variétés de forme dont elle
eft fufceptible pour ne s'attacher qu'à la nature

réelle de ces phénomenes fondamentaux dont l'enfemble compofe, à proprement parler, tout notre
fyftême médicinal, & dont la connoiffance eft
également néceffaire & pour les maladies dans
lefquelles ces phénomenes fe fuivants à des époques
reculées, n'amenent la crife qu'au bout d'un intervalle de temps affez long, & pour celles qui, entraînées par un mouvement moins ralenti, s'achevent
dans un efpace de temps plus court, de maniere
que la durée des unes & des autres ne ferve jamais
à caractérifer la fucceffion de leurs phénomenes,
mais trouve plutôt fa propre mefure dans la rapidité
avec laquelle cette fucceffion procede.

Le développement réglé & foutenu de chaque
maladie, quel que foit d'ailleurs le temps marqué pour fa terminaifon, préfente donc un
affemblage de phénomenes d'après lequel nous
pouvons juger de l'événement heureux ou malheureux qui fe prépare pour elle ; & nous
devons regarder en général comme d'un bon au-
gure tous les fymptômes qui émanés de la maladie
même entrent dans fa marche bien ordonnée &
font partie des moyens que la nature oppofe à
l'action deftructive de la caufe dont elle dépend :
car il n'y a que des fymptômes étrangers & fur-
ajoutés à la maladie effentielle qui, en contrariant
fa marche paifible & réguliere puiffent la compliquer & l'altérer d'une maniere pernicieufe. Or ce
que nous difons en général de tous les phénomenes
qu'une maladie traîne à fa fuite peut & doit s'appliquer à la fievre, qui mérite bien une des premieres places dans le nombre des actes par lefquels
la maladie obtient une terminaifon avantageufe ou
funefte ; dès-lors nous pourrions avancer comme
une vérité inconteftable, que la fievre eft utile dans

les maladies chroniques , toutes les fois qu'elle fe
trouve intimement liée & coordonnée avec les
autres phénomenes de la maladie , de maniere à
en compofer une portion néceffaire , & que réciproquement elle eft dangereufe dans tous les cas
où fes mouvemens n'étant point excités par les
forces même de la maladie , ne découlent pas
effentiellement de fa nature réelle , & tendent au
contraire à intervertir & à troubler la tranquillité
de fon cours. C'eft là fans doute la regle la plus
générale qu'il nous foit poffible de pofer fur l'objet
de la queftion préfente , & c'eft bien certainement
à quoi fe réduira en derniere analyfe tout ce que
nous dirons dans la fuite. Il s'agit maintenant d'appliquer ce principe général & lumineux à toutes
les circonftances des maladies dont nous allons
offrir le tableau abrégé.

Et d'abord nous devons rayer du catalogue des
maladies chroniques toutes ces indifpofitions légeres
qui revenant de temps à autre , difparoiffent complettement pendant les intervalles , & ne fe préfentent jamais que fous forme d'affeétions aiguës ,
comme font par exemple les migraines périodiques ,
les coliques habituelles , & toutes ces affeétions
particulieres qui forment plutôt des fymptômes
multipliés d'un feul & même état maladif , que
des maladies effentielles & déterminées. Car nous
favons que la deftruétion de ces divers fymptômes
eft toujours fubordonnée à celle de la caufe générale qui les entretient , & dont l'exiftence peut fe
manifefter en fe produifant fous des formes infiniment variées.

La queftion ne concerne pas non plus les maladies avantageufes à la nature , qui en contraéte
l'habitude pour fe préferver d'accidens plus graves,

&

& dont la fuppreffion facilite le développement de certaines caufes éminemment deftructives, à l'action defquelles leurs efforts falutaires oppofoient un obftacle foutenu. Telles font la plûpart des éruptions cutanées, des écoulemens habituels, les hémorrhoïdes, &c. Il eft évident que ces maladies ayant pour effet de mettre le corps à l'abri de plufieurs attaques dangereufes, & de détourner les léfions plus graves dont il eft menacé, demandent à être refpectées, & fe refufent dès-lors à l'emploi des moyens capables d'en arrêter le cours d'une maniere brufque & foudaine. Tous les fecours de l'art devant donc fe borner à les favorifer & à les maintenir, il eft clair que la fievre eft d'une indifférence abfolue par rapport au traitement qu'elles indiquent. Ne feroit-il pas ridicule en effet de chercher à déterminer fi la fievre peut contribuer ou nuire à la guérifon des maladies qu'il eft toujours dangereux de guérir? Il ne faut pas perdre de vue cependant que l'influence de la fievre fur ces fortes de maladies complétement nulle par rapport à elles-mêmes, peut quelquefois devenir utile comme figne qui indique leur permanence ; & cela doit avoir lieu dans toutes celles qui font accoutumées à coincider avec ce fymptôme, de maniere qu'il leur eft impoffible d'exifter fans lui, comme il arrive dans la plûpart des éruptions cutanées dont le progrès s'annonce bien fouvent par une véritable fievre éruptive : le flux hémorrhoïdal débute pour l'ordinaire par un mouvement de fievre nerveufe éphémere, &c. La fievre dans tous ces cas ne fait donc rien au traitement, quoiqu'elle puiffe fervir au pronoftic ; & voilà pourquoi nous avons dit que fous ce point de vue ces maladies étoient placées hors des limites de la quef-

F

tion qui fait précifément l'objet de ce Mémoire.

Les maladies chroniques fe forment lentement
& ne parviennent qu'à la longue à l'état qui les
caractérife & les détermine ce qu'elles font ; en
forte qu'elles reftent plus long-temps foumifes à
l'influence des caufes occafionelles ou extérieures
fous l'action defquelles tombe leur développement.
Auffi pour délivrer le corps de ces maladies ne
fuffit-il bien fouvent que de le dérober à l'impreffion
nuifible de ces caufes. La phthifie prife dans fon
premier degré fe guérit quelquefois par le feul
changement d'air. Ceux qui font attaqués du fcorbut
de mer, en font délivrés dès qu'ils fortent du vaif-
feau, & qu'ils fe trouvent tranfportés dans un
nouvel ordre de circonftances. On a vu les fymptômes de l'hypocondriacie, de la mélancolie, &c.
difparoître par l'éloignement des objets extérieurs
qui avoient le pouvoir de les ramener. Il ne feroit
pas difficile de raffembler des obfervations qui
prouvent que l'épilepfie, la catalepfie, & la paralyfie même, ont été prévenues au moment de leur
formation, par les moyens capables de fouftraire
le corps à l'influence des objets extérieurs avec
lefquels ces maladies étoient difpofées à fe rencontrer. Mais il ne s'agit pas, de déterminer ici le petit
nombre d'indications curatives fournies par les
caufes extérieures à la préfence defquelles répond
le développement de ces maladies, puifque nous
devons nous occuper uniquement de ce qui peut
concourir à rendre le fymptôme fébrile utile ou
dangereux, & que cette recherche n'eft pas de
nature à être aidée par les confidérations relatives
aux caufes occafionelles ou extérieures ; l'effet de
ce fymptôme étant quelquefois le même dans des
maladies décidées par des caufes extérieures bien

différentes, tandis qu'au contraire il agit différemment dans des maladies dont le développement tombe sous le même assemblage de causes occasionelles. Ainsi pour nous servir d'un exemple sur lequel on ne puisse pas élever des contestations raisonnables, une maladie chronique, survenue à la suite de fievres intermittentes supprimées à contretemps, ne peut éprouver les retours de la fievre sans avantage, quelle que soit d'ailleurs la nature de celle dont la suppression a occasioné son établissement. Voilà bien dans ce cas une maladie qui peut tenir à un seul & même état maladif, à une seule & même cause matérielle, comme on parle aujourd'hui, & qui demande cependant à être confondue dans l'esprit du Praticien, quoiqu'elle puisse être suscitée & mise en jeu par des causes occasionelles bien différentes. Mais c'est un objet sur lequel nous devons bientôt revenir. Nous verrons encore que la fievre est en général utile dans toutes les maladies nerveuses spasmodiques, quoique leur formation se trouve souvent amenée par des causes extérieures qui n'ont entre elles aucun rapport de ressemblance ou d'analogie, comme est par exemple l'impression du froid comparée à celle des substances astringentes ; car ces deux causes qui n'ont rien de commun sont également capables de déterminer des maladies spasmodiques, auxquelles on doit appliquer les mêmes remedes : il est évident que les effets de la fievre ne peuvent dans aucun cas être rendus reversibles sur les causes occasionelles des maladies dont l'action ne sera jamais empêchée, affoiblie, ou même seulement détournée par ces salutaires efforts. Il faut donc faire abstraction de toutes les causes dont l'examen n'indique rien par rapport à l'utilité ou au danger de la fievre, & porter exclufivement notre attention fur celles qui peuvent éclairer l'un & l'autre de ces points.

Maintenant il paroît que dans le nombre de ces caufes propres à tracer le traitement d'une maladie chronique, & à déterminer la maniere avantageufe ou funefte dont il eft modifié par la concurrence du fymptôme fébrile, nous devons placer toutes celles qui renferment la raifon immédiate de fon exiftence, & qui comme telles préfentent l'objet d'après la connoiffance duquel il faut partir pour juger fi l'on a droit de réprimer la fievre comme funefte, ou de la favorifer comme falutaire, puifque le fort de la maladie eft toujours attaché à celui de la caufe d'où elle tire fon origine directe, & dont la deftruction entraîne par conféquent celle de la maladie qui en eft le produit.

Or, parmi les caufes qui indiquent les dangers ou l'utilité de la fievre, & qui fous ce point de vue méritent feules de nous occuper ici, les unes fe montrent à découvert & font faciles à faifir au premier abord, de maniere qu'elles ne laiffent aucun doute fur leur exiftence & fur leur nature; les autres font plus cachées, moins apparentes, en forte que pour être connues elles ont befoin d'être étudiées dans l'enfemble des fymptômes dont elles contiennent le principe & le germe.

Mais il faut bien faire attention que par ces caufes manifeftes nous n'entendons pas ici indifféremment toutes les caufes extérieures, occafionelles, ou procathartiques, fuivant le langage de l'école, car il feroit ridicule encore un coup de vouloir déduire aucune indication de ces fortes de caufes qui ne produifent pas immédiatement la maladie, & qui fuppofent toujours quelque chofe d'inhérent au corps lui-même, qu'elles mettent bien en jeu, mais sans lequel leur action resteroit nulle, & la maladie n'existeroit pas. Ainsi, par exemple, l'impression d'un air froid sur la poitrine décide une inflammation de cet organe qui est bientôt suivie de tous les symptômes de la péripneumonie. Mais il est évident que cette cause n'indique rien pour le traitement, puisque ce n'est point par elle que la maladie s'entretient & que dans d'autres circonstances elle auroit même determiné des affections toutes différentes. Il n'y a presque point de maladie en effet qui ne puisse reconnoître pour sa cause occasionelle la suppression de la transpiration insensible, décidée par un air froid brusquement appliqué sur quelqu'une des parties ducorps.

Et réellement les causes extérieures ou procathartiques n'ont pas une action absolue, nécessaire & si fixement arrêtée qu'à chaque espece de cause extérieure, réponde toujours un assemblage de phénomenes analogues ; mais au contraire, ce qu'elles font est toujours subordonné à l'état particulier du corps auquel s'étent leur influence, & elles ne le font jamais que conséquemment à la disposition dans laquelle se trouve être le corps au moment où elles agissent sur lui (1): en sorte qu'il est

_____

(1) Il n'y a ici ni équivoque ni contradiction, malgré l'étrange abus de logique, par lequel on voudroit vainement nous étourdir en mettant à contribution toutes les ressources du pesant syllogisme & du tranchant dilême. Lorsqu'on ne veut pas se donner la peine d'étudier les opinions d'un auteur, lorsqu'on ne s'est point mis en état de le comprendre, on ne doit prononcer qu'avec une extrême réserve sur la vérité ou la fausseté de ses principes. Mais, on est bien plus blâmable encore d'oser les mettre en opposition pour s'épargner le travail de les combattre, en criant bien fort qu'ils se contredisent, & en s'efforçant de le faire acroire par je ne sais quels pitoyables sophismes. L'esprit profond qui saisit l'ensemble des choses & qui les étudie dans leurs rapports réciproques, voit la maniere dont elles se suivent & s'enchaînent mutuellement. L'esprit superficiel qui ne voit rien, trouve de l'incohérence & des contradictions par-tout,

possible à deux sujets d'être affectés bien diversement par une seule & même cause de cette espece,
s'ils sont disposés d'une maniere différente, comme
le prouve l'observation de *Sydenham* qui a vu sous
la même constitution de l'air, des maladies différentes s'établir en même-temps. *Hippocrate* avoit
déjà senti la vérité & l'importance de ce fait, auquel on pourroit ajouter un nouveau point d'autorité par rapport à notre objet, en observant
que le traitement des maladies chroniques doit être
modifié & changé à mesure que l'on passe d'une
saison à une autre saison, d'un climat à un nouveau climat, quoiqu'elles aient été occasionées
par les mêmes causes extérieures. Ainsi M. *Stool*
assure que généralement la phthisie demande à être
traitée bien différemment d'une saison à l'autre,
quoique la cause extérieure à laquelle on seroit
tenté de rapporter l'établissement primitif de cette
maladie ne participe point à ces changemens. Il
suit de là que l'influence bonne ou mauvaise de
la fievre, sur les maladies chroniques, ne peut
être estimée d'après la connoissance de ces causes
extérieures ou procathartiques, comme on parle
dans l'école, & qu'elle doit être exclusivement
déterminée par la nature même de la maladie,
ou plutôt par la comparaison des effets observés
dans des états de maladie analogues.

Cependant il arrive quelquefois que ces causes
renferment en elles-mêmes des motifs qui reglent
l'administration des moyens curatifs, & qui, pour
en revenir toujours à notre objet, indiquent les
biens & les maux que la fievre produit dans certaines maladies, soit que ces maladies restent sous
leur dépendance, comme cela a lieu dans l'introduction des miasmes contagieux, soit que ces

caufes tiennent elles-mêmes à des états antérieurs
qui, par la maniere dont ils modifient la maladie
préfente, méritent qu'on y faffe attention, dans le
jugement qu'il s'agit de porter fur la nature de
fes fymptômes, comme les maladies aiguës, les
fievres intermittentes dégénérées en affections chroniques, nous en offrent des exemples multipliés.
Nous allons donc examiner les maladies chroniques
dépendantes de caufes manifeftes capables de jeter
quelque lumiere fur les effets heureux ou malheureux qu'elles ont à attendre de la fievre, & qui
par conféquent font les feules qu'il nous importe
de connoître. Je les réduis aux trois ordres fuivans.

1°. Les maladies chroniques furvenues à la fuite
de maladies antérieures.

2°. Les maladies chroniques dépendantes de la
fuppreffion d'un effort critique & falutaire.

3°. Les maladies chroniques dépendantes de
contagion.

Maladies chroniques furvenues à la fuite de maladies antérieures.

Nous avons déja vu, dans la premiere partie de
notre Mémoire, que les maladies aiguës font fujettes
à fe transformer en chroniques, & nous avons rappor-
té quelques exemples de ce changement, qui n'eft
jamais fi abfolu, que la maladie nouvelle ne retienne
quelque chofe de l'affection précédente. Il paroît même, à proprement parler, que cette tranfmutation
vient en général de ce que l'on a fupprimé mal-à-propos la fievre qui accompagnoit la maladie aiguë, &
qui travailloit à lui procurer une folution avantageufe. Il eft remarquable en effet que ceux chez
lefquels cette transformation s'opere font communément des fujets affoiblis par l'âge ou par les

maladies , ou bien encore par les vices de tempérament ; de maniere qu'il ne leur refte pas une
quantité de forces fuffifantes pour fournir au développement libre & foutenu de la fievre , dont la
coexiftence arrêteroit la maladie fous une forme
aiguë. MM. *Vagler* & *Roëderer*, dans leur traité
de Morbo mucofo , obfervent que l'épidémie qu'ils
décrivent marchoit d'une maniere lente & chronique , jufqu'à ce que le malade eût affez de force ,
ou la caufe maladive affez d'énergie pour exciter
un mouvement fenfible de fievre.

(Mais quoi qu'il en foit , il eft au moins bien
certain qu'une maladie paffe de l'état aigu à la
forme chronique , toutes les fois qu'elle y eft
contrainte par la foibleffe de la nature , qui ceffe
d'être en poffeffion des forces néceffaires pour la
terminer en peu de temps. Or cette impuiffance
de la nature eft fouvent amenée par des caufes fi
différentes , qu'il eft impoffible de la relever par
les mêmes fecours. Il eft donc important de bien
connoître la caufe dont elle dérive, afin d'examiner
fi la fievre pourroit avoir prife fur elle , & fi l'on
a droit de favorifer ou d'empêcher fes effets : car
fi elle dépend d'une extinction profonde & radicale
des forces , comme on le voit dans les maladies
lentes proprement dites , qui fuccedent aux affections aiguës dégénérées , il eft clair que la fievre ,
en donnant à la nature une activité qu'elle ne peut
foutenir fans une dépenfe de forces fupérieure à la
fomme de celles qui lui reftent, hâteroit bientôt fon
dépériffement & fa fin. Mais fi cet état de foibleffe
tient à un obftacle quelconque qui s'oppofe à
l'exercice des forces , & qui gêne la liberté de
leur développement , comme lorfqu'elles fe trouvent opprimées fous le poids de la pléthôre , ou

fous les efforts du fpafme , on ne doit rien craindre
de la fievre , pourvu que les caufes de cette oppreffion foient placées dans les limites de fa puiffance. Tel eft le cas où l'action des forces vitales
feroit embarraffée & rendue difficile , par des
fpafmes fixés fur quelqu'un de leurs centres principaux , & relativement auxquels la fievre agit de
la même maniere que dans toutes les affections
fpafmodiques, dont nous aurons occafion de parler:
Febris fpafmum folvit. Hipp. Il n'en eft pas ainfi
de la pléthôre que la fievre tend à renforcer , en
portant dans toute la maffe des fluides une commotion , un trouble qui manque rarement d'en
augmenter le volume. *Huxham* difoit que les
fujets forts & pléthoriques éprouvent , à chaque
accès de fievre , une foibleffe générale & proportionnelle à l'accroiffement que prend alors l'état
habituel de pléthôre , dont leurs fluides ne s'é-
loignent jamais).

Le principe le plus généralement reçu , celui qui
femble être de l'application la plus étendue , dans
le traitement des maladies chroniques , eft , fans
contredit , de s'oppofer à la lenteur de leurs progrès , & de les amener à l'état d'une affection
aiguë , qui préfente plus de fimplicité , & qui fe
prête mieux à l'emploi des remedes convenables.

Il eft aifé de voir combien ce principe mérite
d'attention , lorfqu'il s'agit de maladies chroniques
furvenues à la fuite d'une maladie aiguë mal terminée , puifqu'alors on ne peut en opérer la guérifon avec plus de certitude qu'en la ramenant à
être ce qu'elle étoit déja , fur-tout fi dans fon
état antérieur elle confervoit tous les caracteres
effentiels de bénignité qui promettent une favorable
iffue. Or la fievre décide prefque fûrement ce re-

tour, pour lequel M. *de Bordeu* a bien vu qu'elle
étoit une condition en quelque forte néceffaire.

C'eft donc en rappellant la maladie aiguë dégé-
nérée que la fievre peut être utile, dans toutes les
maladies occafionées par cette caufe. Mais pour
cela il faut que les dangers attachés à l'affection
aiguë foient moindres que ceux dont la maladie
feroit menacée, fi elle confervoit fa forme chronique. La regle la plus fûre, en ce cas, eft de
déterminer fi la fievre qui opere la transformation
de chronique en aiguë tient à une augmentation
réelle des forces, ou à un accroiffement accidentel
de la maladie, ou bien encore à une complication
pernicieufe, comme cela arrive quelquefois. Dans
le premier cas, la fievre & le changement qu'elle
procure font également avantageux ; dans les deux
derniers, l'une & l'autre ne peuvent avoir que des
effets extrêmement funeftes.

La fievre entraîne bien moins d'inconvéniens,
& elle eft d'une utilité bien plus évidente par
rapport à toutes les maladies qui furviennent après
des fievres intermittentes mal traitées, ou trop brufquement arrêtées par l'adminiftration mal-entendue
du quinquina. On doit confulter fur cet objet, les
ouvrages de *Morton*, de *Torti*, de *Werlof*, de
Sénac, &c. Tous ces Auteurs conviennent en général qu'une précaution importante, avant l'adminiftration du kina, eft d'évacuer les premieres
voies, & plus généralement de détruire les caufes
matérielles ou occafionelles, de quelque nature
qu'elles foient. On eft embarraffé fur le choix des
faits qui prouvent que des maladies chroniques de
toute efpece ne tardent pas à fuccéder aux fievres
intermittentes, lorfqu'on a négligé cette précaution :
Et cela va au point, que fi des fymptômes urgents

demandoient le prompt ufage du kina, il faudroit, après l'avoir donné, tourner toutes fes vues du côté des premieres voies, ou même rappeller la fievre par des moyens convenables. C'eſt d'après cette vue que M. *Stork* étoit dans l'habitude de faire prendre un léger purgatif.

Bianchi a prétendu que les purgatifs donnés dans la convaleſcence des fievres intermittentes n'avoient pas le pouvoir de les rappeller. La plûpart des Médecins ſe ſont recriés contre cette aſſertion de *Bianchi*; & *Sydenham* avoit déjà dit qu'un ſimple lavement de lait ſuffiſoit pour ramener une fievre ſupprimée depuis peu. En parlant des précautions que l'on doit prendre pour exciter la fievre, nous verrons d'après M. *Werlof*, que relativement aux fievres intermittentes, tous les moyens d'excitation doivent être placés dans la ſemaine paroxyſtique, c'eſt-à-dire, dans la ſemaine qui, à compter du moment où la fievre eſt terminée, répond avec exactitude au jour ſur lequel tomboit le paroxyſme. Ainſi pour que la fievre ſoit vraiment utile, il faut qu'elle revienne au temps marqué par le type même de la fievre précédente, puiſque cette circonſtance-là peut ſeule donner à la fievre le caractere qui la rend critique par rapport aux maladies, à la deſtruction deſquelles ſes mouvemens ſont devenus néceſſaires. Il ſeroit à craindre en effet qu'une fievre dont le développement ſe feroit à une époque diffé-rente du temps déſigné, reſtât d'une efficacité nulle pour arrêter le progrès des maladies qu'on auroit en vue de combattre par elle. La guériſon com-plette de ces maladies ne pouvant être attachée qu'aux retours d'une fievre ſemblable par le type, & par l'enſemble des phénomenes, à celle dont la ſuppreſſion leur a donné naiſſance.

Maladies dépendantes de la suppression d'un effort critique & salutaire.

Les évacuations habituelles que le corps éprouve dans l'état de la plus parfaite santé, ne peuvent être supprimées sans occasioner des accidens graves, auxquels on ne remédie qu'en tâchant de les rappeller. Il en est de même des maladies salutaires qui, ayant pour objet de mettre le corps à l'abri de maladies plus dangereuses, ne deviennent funestes elles-mêmes que lorsqu'elles sont arrêtées d'une maniere brusque & soudaine, parce qu'elles laissent la liberté de se développer à celles dont auparavant elles préservoient le corps. Il suffit de rétablir ces efforts critiques & salutaires, pour emporter d'un seul coup les maladies produites par cette cause manifeste, tant qu'elles restent sous sa dépendance, & qu'elles ne forment point encore de maladies réelles & positives. Toutes les indications se réduisent alors à enrayer les progrès de la maladie, & à la faire avorter au moment de sa naissance, en remettant le corps dans l'état avantageux qui le défendoit contre ses atteintes. L'état heureux ou malheureux de la fievre est donc subordonné au rétablissement de cet effort salutaire ; de sorte qu'elle est utile, si elle favorise ce retour ; elle est nuisible, si elle le dérange.

(Or, on ne peut bien estimer tout cela, si l'on ne sait d'abord quelle est la cause prochaine dont l'action a supprimé cet acte propice qu'il s'agit de rappeller ; c'est une chose évidente sur-tout, lorsque ces suppressions ne viennent qu'à la suite d'une altération plus profonde qui existoit antérieurement. Ainsi les affections de l'estomac empêchent quelquefois l'écoulement des regles au

point d'amener tous les symptômes de la chlorose,
si on ne remédie à cette cause secondaire en com-
battant l'état maladif de l'estomac ; qui est la source
primitive de tous ces désordres. Les maladies de
la peau sont fréquemment suivies d'une suppression
si absolue des évacuations du ventre, qu'elles entraînent tous les signes de la constipation & d'une
hypocondriacie commençante : *Hoffmann* dit que
les sujets scorbutiques chez lesquels les évacuations
du ventre se suppriment, sont menacés des vices
de la peau qu'il a décrits sous le nom de pourpre
chronique (1). M. *Selle* observe que les dartres
attaquent particuliérement les gens qui ont l'habitude des hémorrhoïdes, & qui en sont subitement
délivrés (2). La suppression d'une gale critique décidée, par le retour de la maladie dont elle cons-
tituoit la crise, s'accompagne pour l'ordinaire de
tous les accidens attachés à la répercussion de la
gale essentielle, &c. &c. C'est moins à rétablir les
efforts critiques supprimés qu'il faut s'appliquer,
dans tous les cas de cette espece, qu'à détruire la
premiere cause de cette suppression qui n'est évidemment que secondaire & subordonnée).

Lorsqu'il n'y a pas d'équivoque sur l'indication
de rappeller directement ces efforts critiques avortés,
on tâche de le faire par des moyens dont la maniere d'agir se rapproche assez de celle qui procure
communément la fievre. Tels sont sur-tout les
sudorifiques, les emménagogues, les vésicatoires,
& tous les secours qui, en poussant les forces vers
la surface extérieure du corps, disposent les organes

---

(1) Voy. *Hoffman. de purp. chron.*, tom. 3, pag. 403.
(2) Voy. le Manuel de Pratique, traduit par M. *Coray* de maniere
à faire oublier que c'est une simple traduction.

par lefquels ces efforts fe faifoient, à s'y prêter de
nouveau. Il en eft même plufieurs dont l'ufage n'a
réellement d'effet qu'après avoir excité un mouvement fenfible de fievre, comme eft l'inoculation
de la gale, que l'on emploie avec fuccès contre
un grand nombre de maladies.

Mais les maladies dépendantes de la fuppreffion
d'un effort falutaire ne reftent pas affujetties à la
caufe manifefte, & elles peuvent, comme les
autres, s'en affranchir & fubfifter indépendamment
d'elle. Alors elles indiquent par elles-mêmes, &
les moyens qui vont à emporter la caufe manifefte
deviennent infuffifans, parce que du moment où
elles s'établiffent dans le corps d'une maniere profonde & permanente, elles fuppofent des altérations de différente nature, qui forment leur véritable caufe, & la feule capable d'indiquer les
chofes convenables ou nuifibles; ce qui les place
dans la grande claffe des maladies dépendantes de
caufes cachées, inhérentes au corps qu'elles attaquent, dont nous ne tarderons pas à nous occuper.

Maladies dépendantes de contagion.

Les maladies que l'on doit rapporter à un virus dont
l'impreffion contagieufe, tranfmife d'un individu à
un autre par voie de communication, ont toutes
quelque chofe de fpécifique qui tient à la nature
du miafme déléteire, & qui fuffit pour les diftinguer
de toutes les efpeces de maladies connues auxquelles
il imprime fon caractere & fes allures. Le traitement de ces maladies eft fi puiffamment modifié
par la nature de la caufe fpécifique dont elles dépendent, qu'il eft néceffaire, pour régler le choix
des remedes, de les confidérer dans deux états
différens : car, ou bien les miafmes contagieux in-

troduits depuis peu dans le tiſſu cellulaire y flottent librement, & ne demandent, pour être chaſſés & rejetés au-dehors, que l'emploi des moyens capables de pouſſer vers l'organe de la peau, & d'ouvrir ſes pores à l'évacuation qui doit s'en faire, ou bien ils pénetrent plus avant dans le corps, & ils infectent la maſſe entiere des humeurs, en la frappant d'une dégénération ſpécifique dont les produits ont beſoin d'être livrés aux actes de la coction ; & alors il faut avoir recours aux remedes altérans capables d'attaquer la dégénération dans ſon principe, & de rendre aux humeurs les propriétés naturelles qu'elles ont perdues. La fievre, à raiſon du ſpaſme général qu'elle amene, eſt évidemment dangereuſe ſous le premier point de vue, puiſqu'elle s'oppoſe à ce que l'organe de la peau puiſſe ſe prêter à la ſortie des miaſmes retenus dans le tiſſu cellulaire ; & comme la maladie, dans le ſecond cas, conſtitue une affection grave, dont les progrès ſe meſurent aſſez communément ſur l'intenſité de la fievre, il ſuit qu'on eſt preſque toujours autoriſé à redouter les mouvemens fébriles, comme ſignes qui annoncent la gravité de la maladie, & qui ne peuvent d'ailleurs être d'aucune utilité par rapport à elle, à moins qu'elle ſe trouve compliquée avec quelqu'une des cauſes générales que nous allons prouver être de nature à en retirer des avantages manifeſtes.

Cauſes cachées des maladies chroniques qui indiquent ſi la fievre peut leur être utile ou dangereuſe.

Quelque important qu'il ſoit d'avoir égard aux cauſes manifeſtes ou procathartiques, dans tous les cas dont nous venons de faire mention, il faut avouer néanmoins que le plus souvent leur effet se réduit à mettre en jeu des causes plus cachées, pour le développement desquelles elles sont de simples occasions. Or, ces causes cachées consistent dans l'état particulier des solides & des fluides, auquel répond la génération d'une maladie, & qui renferme la raison immédiate de son existence & de sa durée : *morbi rationem continet*, dit l'excellent M. *Selle*, *rudimenta pirethol. introd.* Le caractere distinctif de cette cause essentielle & vraiment médicinale est dans la liaison intime qu'elle conserve toujours avec le traitement, & qui fait dépendre une maladie d'elle seule ; de maniere que pour la dissiper, il faut auparavant qu'elle soit attaquée, combattue & détruite par les moyens appropriés. Ainsi le spasme fixé sur les viscères du bas-ventre, auquel doivent être rapportés tous les symptômes de l'hypocondriacie nerveuse, constitue la cause réelle dont elle tire son origine. La matiere de l'inflammation, qui doit être altérée, élaborée, changée par le travail de la coction, pour être ensuite évacuée sous forme de pus, joue un rôle semblable dans toutes les maladies inflammatoires. Nous pouvons dire la même chose des sucs bilieux, pituiteux, séreux, qui, en séjournant dans l'estomac & les premieres voies, décident tous les symptômes des affections gastriques ou mésentériques, suivant l'expression de *Baglivi*, tandis que répandus dans le systême entier des vaisseaux, ils établissent des maladies bilieuses, pituiteuses, séreuses générales, &c.

Ces causes, que les Médecins appellent causes matérielles, ne se connoissent point par un ou plusieurs symptômes détachés ; mais il faut, pour les déterminer au juste, se représenter à la fois la

collection

collection totale des phénomenes qu'elles produifent ; & c'eft la difficulté de pénétrer jufqu'à elle
à travers les complications infiniment variées de
ces fymptômes , qui nous engage à les nommer
caufes cachées. Il ne faut pas croire au refte ,
qu'elles foient en bien grand nombre ; & il eft
facile de les ranger fous deux chefs principaux ,
fuivant qu'elles affectent plus fpécialement la fenfibilité & la mobilité , ou qu'elles tiennent de plus
près à une altération établie dans la craffe des
humeurs , & dans la fubftance même des organes.
Je réduis donc les caufes matérielles & cachées
des maladies à former les trois claffes générales ,
qui font :

1°. Toutes les dépravations , tous les défordres ,
tous les vices de la fenfibilité & de la mobilité ;
ce qui conftitue la claffe des maladies nerveufes.

2°. Toutes les dégénérations que la fubftance
des organes & la craffe des humeurs font fufceptibles d'éprouver habituellement ; & cette claffe
renferme les maladies humorales.

3°. Les altérations fpécifiques dépendantes d'un
vice particulier , dont on ne connoît point encore
le caractere ; & dans cette claffe je place toutes
les maladies qui fe guériffent par des fpécifiques.

Maladies nerveufes , reconnoiffant pour caufe un vice de la fenfibilité , ou de la mobilité.

Le caractere effentiel des maladies nerveufes, confifte dans cette difpofition particuliere du corps ,
qui lui fait éprouver des fymptômes graves &
alarmans , fous l'action des caufes les plus légeres
& les moins capables d'altérer l'ordre de fes fonctions , tant qu'elles reftent foumifes aux loix ordi-

G

naires de la fanté. Leur effet le plus général eft
donc non-feulement d'introduire du défordre &
du trouble dans l'exercice libre des fonctions,
principalement de celles qui font relatives à la fenfibilité & à la mobilité, mais encore d'établir & d'arrêter ces fortes de léfions, de maniere qu'elles s'annoncent par des fymptômes qui ne foutiennent
aucune proportion avec les caufes extérieures auxquelles ils doivent leur développement, & qui ne
font liés entr'eux par aucun rapport d'analogie
ou de dépendance. Ainfi l'impreffion de la main,
portée fur l'eftomac d'un homme attaqué de ces
maux, décide des accidens terribles, & fufcite
quelquefois des convulfions, que l'on feroit tenté
de rapporter aux moyens d'irritation les plus énergiques & les plus puiffans. Dans cet état, on eft
fujet à éprouver des fymptômes morbifiques, par
les caufes mêmes qui font les plus familieres au
corps, & qui agiffent le plus conftamment fur lui.
Les moindres erreurs de régime, les paffions de
l'ame, les promptes alternatives du froid & du
chaud, ou de la pefanteur & de l'humidité de
l'athmofphere, &c. toutes ces caufes légeres &
peu importantes donnent lieu à une fuite d'effets,
dont l'apparence effrayante ne répond point à la
foibleffe de leur intenfité. On a vu de ces malades
ne pouvoir fupporter l'haleine des perfonnes qui
les approchoient ; & tout le monde connoît le
trouble étrange dans lequel les jettent certaines
odeurs qui, dans l'état d'une fanté parfaite, auroient
à peine été reffenties.

Il eft bien évident que ces effets n'ont aucun
rapport avec la nature des caufes extérieures, fous
l'action defquelles ils fe rencontrent, & qu'ils dérivent
de la difpofition maladive dans laquelle fe trouve

le corps au moment où elles agiffent fur lui : dès
lors il eft facile de concevoir comment des fymptômes auffi variés & auffi différens que le font
ceux dont s'accompagnent les maux de nerfs,
proviennent néanmoins d'une feule & même caufe,
& comment cette multiplicité d'effets peut découler
ainfi de la même fource, & appartenir au même
fonds de maladie, fans qu'il exifte fouvent le
moindre trait d'analogie, la plus foible correfpondance entre les uns & les autres : car fi nous
faifons confifter l'effence des maladies nerveufes
dans cette difpofition qu'a le corps à s'affecter diverfement, & d'une maniere notable, à la plus
petite occafion, il eft clair que cet état doit être
exalté & renforcé par l'effet même des accidens
qu'il détermine ; puifqu'en général il n'y a pas de
moyens d'irritation plus énergiques & plus puiffans, que les dérangemens qui furviennent aux
fonctions, & qui oppofent des obftacles foutenus
à l'ordre & à la régularité de leur exercice. Nous
voyons par-là que les phénomenes, décidés d'abord
par une difpofition nerveufe, ajoutent à cette difpofition, fe transforment en moyens propres à
l'entretenir pendant long temps, & deviennent
eux-mêmes une caufe puiffante de fymptômes qu'il
eft difficile de faifir, dans leurs complications infiniment variées, & qu'il eft plus difficile encore
d'arrêter & de maintenir à leur véritable place,
ainfi le même malade éprouve des alternatives de
froid & de chaud ; des douleurs qui fe fuccedent
brufquement, & qui, dans leur gradation mal
ménagée, parcourent toutes les parties du corps ;
des anxiétés extrêmes, que fuivent quelquefois des
marques de défefpoir ; des efforts continuels de
vomiffemens, & des vomiffemens de matieres noires

ou glaireufes ; des fyncopes qui fe changent bientôt en inquiétudes, en convulfions, en foubrefauts ; de fréquentes cardialgies, avec des palpitations de cœur immodérées ; un appétit infatiable pour les alimens, auxquels fe joignent des goûts dépravés, & une averfion infurmontable pour certains objets de nourriture ; le refferrement de l'œfophage, avec la fenfation d'une boule qui monte fuivant la direction de ce canal ; une foif ardente, que l'ufage des boiffons ne peut appaifer, &c.

Mais indépendamment de ces fymptômes qui annoncent une affection générale & indéterminée, il en eft d'autres plus particuliers & plus fpécialement décidés par la nature des organes fur lefquels fe porte cette difpofition maladive. Car les fymptômes qu'elle menne à fa fuite, peuvent fe préfenter fous des apparences très-variées & prendre la forme de la catalepfie, du tétanos, de l'épilepfie, de l'hipocondriacie, de la manie, &c. felon qu'elle borne fon influence à tel organe circonfcrit & déterminé, ou qu'elle l'étend à toute l'habitude du corps. Et comme cette difpofition ne s'introduit qu'à la longue, & qu'elle peut d'ailleurs fubfifter pendant un intervalle de temps confidérable & même fe tranfmettre par voie de génération d'un individu à un autre, lorfqu'elle eft une fois profondement établie, il eft clair qu'elle peut devenir la caufe de plufieurs maladies chroniques fort différentes entr'elles par l'apparence des fymptômes qu'elles produifent, foit à raifon des formes variées fous lefquelles cette difpofition peut fe produire, foit à raifon des divers organes qu'elle peut intéreffer d'une maniere fpéciale.

Maintenant les maladies nerveufes peuvent être

confidérées fous trois faces principales , c'eft-à-
dire. ,

1°. Comme dépendantes d'un principe d'irritation appliqué fur une partie quelconque , vers laquelle affluent toutes les forces qui y établiffent
le centre d'un fpafme plus ou moins général , felon que les effets de l'irritation embraffent une
fphere plus ou moins étendue.

2°. Comme dépendantes d'un affoibliffement
extraordinaire des forces qui plongent les organes
qu'elles animent dans un état d'atonie & de langueur , dont la caufe, long-temps fubfiftante , modifie leur fenfibilité , de maniere qu'elle répond aux
moyens d'excitation les plus légers par des fenfations vives & mal réglées.

3°. Comme étant plus pofitivement le réfultat
d'un défaut d'équilibre & de régularité dans la
diftribution des mouvemens & dans l'ordre de
leur tendance , ce qui fait prendre aux forces &
aux humeurs qu'elles menent à leur fuite des directions vicieufes & contraires à celles que demande le libre exercice des fonctions & que fuppofe la fanté (1).

_____

(1) Cette divifion des maladies nervenfes , telle que nous la
donnons ici , remonte aux temps les plus réculés. On fait que les
anciens Méthodiftes admettoient trois caufes générales des maladies
le *ftriclum*, le *laxum* , & le *mixtum*. Sthal , le grand *Sthal*,
dont les Ouvrages font tant critiqués & fi peu connus , fit auffi
dépendre bien des maladies de *débilité & de fpafme* , &c. *Boerhaave* a reconnu *un état de crifpation & un état de relâchement*,
&c. *Whit* a vu que les maladies nerveufes confiftoient ou *dans un excès
ou dans un défaut de fenfibilité*, &c. *Tiffot* a adopté la trop *grande tenfion
& le trop grand relâchement des fibres*, &c. *De Barthez* a élevé
fa pratique raifonnée des affections nerveufes fur la connoiffance
des états refpectifs & dominans de fpafme ou d'atonie. *Cullen*
dont la Doctrine a la plus grande conformité avec celle de ce
dernier , s'en rapproche principalement en tout ce qui concerne la
'orie-pratique des maladies de neffs. Enfin il eft peu d'Auteurs

Il n'eft certainement point de maladies nerveufes, proprement dites, qui ne puiffent être rapportées à l'une ou à l'autre de ces trois claffes , & dès-lors il en eft très-peu qui ne doivent être affujetties à la lenteur d'une marche chronique , puifqu'elles fuppofent toutes dans les organes qu'elles affectent un état de contrainte ou de foibleffe , qui ne leur permet pas l'emploi des forces dont la nature auroit befoin pour lutter avec avantage contre la caufe de la maladie & la dompter en peu de temps. Or nous avons déjà vu & prouvé que les maladies chroniques , abfolument femblables aux maladies aiguës analogues, par la caufe qui les entretient , en different feulement par la maniere dont la nature fe comporte à l'égard de cette caufe ; en forte que pour faire paffer une maladie chronique à l'état de maladie aiguë , il fuffit bien fouvent de rendre à la nature les moyens qui lui manquent pour combattre cette caufe ; moyens dont les maladies aiguës lui laiffent jouir dans toute la plénitude de leur développement. On peut avancer en général que l'état du fyftême nerveux fur lequel s'appuyent toutes les forces actives , au pouvoir de la nature , eft ce qui décide ordinairement la marche d'une maladie qui lui donne fa forme , détermine fes allures & foummet l'apparition totale de fes phénomenes à tel ou tel

---

qui n'ait écrit fur ces maladies , d'après des idées analogues, auxquelles il ne manquoit peut-être que d'être préfentées fous un ordre plus fyftématique , & fous des expreffions plus reffemblantes. *Willis* , par exemple , a-t-il voulu dire autre chofe en décrivant *l'explofion* & *la rétraction* des efprits animaux , comme les deux caufes générales des maladies convulfives , & *Sydenham* en attribuant tout à *l'ataxie* des efprits animaux qui peuvent , dit-il , fe porter en plus ou moins grande quantité dans une partie que dans une autre ?

efpace de durée. Et comme dans les maladies
nerveufes, proprement dites, ce fyftême de forces fe trouve contraint ou affoibli, ou du moins
mal ordonné, il n'eft pas étonnant que leurs progrès ralentis & gênés, foient réduits à fe faire
par des gradations ménagées, par des nuances
délicates & difficiles à faifir, & qui fe fuivent à
des époques trop réculées pour que nous puiffions
les concevoir dans leur enfemble, démêler l'ordre
de leur fucceffion & les rapports de leur filiation
mutuelle, à travers le long intervalle de temps qui
les cache & les dérobe au fens le mieux exercé. Il y
a donc une bonne partie des maladies nerveufes
qui rentrent dans la claffe des maladies chroniques,
& qui par conféquent doivent être comprifes dans
le nombre de celles par rapport auxquelles on
nous demande d'affigner les avantages ou les dangers de la fievre.

Et d'abord l'influence bonne ou mauvaife de
la fievre fur les maladies nerveufes, eft d'autant
plus marquée que les phénomenes de l'une, prife
au moins dans toute fa fimplicité, ont la plus grande
analogie avec les phénomenes des autres, placés
auffi dans le même état de pureté, comme je
crois l'avoir fuffifamment prouvé dans ma premiere partie. Il n'eft pas de maladies, en effet,
fur lefquelles l'acte fébrile agiffe avec plus de puiffance, & qui éprouvent de fa part des modifications plus fenfibles, plus profondes, & plus capables de changer pleinement la forme & la marche qu'elles affectent, & de déterminer d'une
maniere plus rapide le malheur ou le fuccès de
leur iffue. Car la fievre dans fes deux premiers
périodes préfente deux états analogues & cor-
refpondans aux formes principales fous lefquelles

les maladies nerveufes ont coutume de fe manifefter; & dans le dernier, elle fe termine par une éruption de fueurs qui fuppofe un état de relachement & de détente, fans lequel les fymptômes fpafmodiques nerveux ne pourroient éprouver de folution avantageufe. Mais nous reviendrons fur cet objet.

Les deux formes générales que prennent les maladies nerveufes font, comme nous l'avons déjà dit, le fpafme & l'atonie, & les états divers du corps auxquels elles répondent, diamétralement oppofés entr'eux, paroiffent deftinés dans le plan de la nature à fe corriger & à fe remplacer mutuellement; en forte qu'on ne remédie jamais avec plus d'éfficacité à l'un de ces états, que lorfqu'on tâche d'introduire & d'arrêter l'autre. En effet, tous les moyens employés dans le cas de fpafme ont vifiblement pour objet d'en modérer & d'en effacer la prédominance, en décidant l'atonie par l'ufage des remedes propres à affoiblir & à énerver le furcroît de forces qui coincide avec l'état fpafmodique & réciproquement l'atonie ne fe diffipe & ne fe guérit que par l'ufage des fecours qui vont à exciter & à relever les forces dont l'affoibliffement conftitue la caufe de toutes les maladies renfermées dans cette claffe. Nous concevons d'après cela que la fievre à raifon de fes deux périodes, peut produire de grands effets fur les affections nerveufes, puifqu'elle eft compofée des deux états qui font les plus analogues ou les plus contraires à ceux dont ces maladies fuppofent l'exiftence, & qu'elle eft dès-lors en poffeffion des moyens les plus capables de les renforcer & de les accroître, fi elle eft placée à contre-temps, ou bien de les dimi-

nuer & de les détruire, si elle est appliquée
d'une manière convenable. C'est donc là ce qu'il
s'agit de déterminer, en recherchant quels sont les
cas des maladies nerveuses, dans lesquels la fievre peut être favorable ou funeste.

Maladies nerveuses par spasme ou par irritation vive.

Mon objet n'est point & ne doit pas être de
détailler ici les causes qui peuvent donner lieu
aux affections spasmodiques, d'examiner quelle
est la nature de ces affections, & quel est l'appareil de symptômes qui les accompagne communément (1). Ce travail appartient à un traité
complet de maladies nerveuses, & ce n'est pas là
ce que la Société royale exige de nous. Je dois
donc me borner à considérer dans les maladies
nerveuses uniquement, les rapports sous lesquels
la fievre peut leur être de quelque avantage ou de
quelque danger.

_____

(1) Je renvoie le Lecteur qui voudra se procurer des notions
plus étendues & plus exactes sur cet objet, aux Ouvrages de
Sthal, à ceux de *Willis*, de *Vanhelmont*, aux préleçons de *Boerhaa*
ve, *de morb. nerv.*, à la dissertation de *Baglivi*, *de fibrâ motrice*, aux
excellens traités de *Cheine*, de *Whitt*, de *Tissot*, à celui de l'élé-
gant Ecrivain M. *Lorri*, *de melanch.* & *morb. melanch.* à la Mé-
decine-pratique de *Cullen*, qui contient des idées infiniment pré-
cieuses sur cette classe de maladies, au chapitre des nouveaux élémens de la science de l'homme, intitulé, *Théorie pratique des
maladies, dites nerveuses ou vaporeuses*. Ce petit chapitre renferme
plus de choses que certains gros livres en réputation. Enfin je
desirerois bien qu'il fût possible de consulter le traité des sievres de
M. *de Grimaud*, auquel les Auteurs célebres qui viennent d'être
cités, ne dédaigneroient pas encore d'avoir recours.

Nous avons vu que tous les phénomenes du premier période de la fievre, sont décidés par le spasme qui frappe à la fois, & les organes situés à la superficie du corps, & les visceres recélés dans la cavité intérieure du bas-ventre ; & nous avons décrit l'ordre suivant lequel se succedent ces phénomenes dont l'existence est donc attachée d'une maniere étroite à l'établissement du spasme fébrile qui enveloppe tous les organes sous les efforts d'une violente contraction. Nous avons dit de plus, & il seroit facile de démontrer par le fait, que les symptômes du premier période s'effacent & disparoissent à l'arrivée du second, qui semble décider des phénomenes bien opposés, en donnant aux forces & aux mouvemens une impulsion contraire à la direction que leur avoit fait prendre le spasme du premier temps ; & dès-lors on pourroit regarder le période de chaleur comme appliqué à détruire le période de froid, & reconnoître que ce dernier forme la solution naturelle de la fievre, & qu'il laisse après lui cette répartition égale & uniforme des forces à laquelle tiennent de près la liberté & la permanence des fonctions. Aussi la plupart des Médecins prenoient ils autrefois la sueur pour la crise naturelle de toutes les fievres, *intentio enim perpetua sanandis febribus est per sudores ;* & *Vanhelmont* avoit bien vu que la terminaison des fievres devoit se faire par un mouvement dirigé du centre ou de la région épigastrique vers la circonférence ou l'organe de la peau, *motus verò naturæ ad sanationem febrium requisitus procedit à centro foras, à nobilibus & visceribus ad pellem,* Tract. de febr. Mais *Vanhelmont* avoit tort de réduire à ce moyen toutes les manieres dont peuvent se terminer les fievres, puifqu'elles reconnoiffent autant de terminaifons différentes , qu'il y a de caufes capables de les entretenir , & d'organes fufceptibles de recevoir fpécialement l'impreffion de ces caufes ; car outre que la nature des humeurs qui s'évacuent dans chaque efpece de fievres eft toujours relative à la dégénération fpécifique du fang ou des organes qui fert de principe aux mouvemens fébriles tendus & appliqués contr'elle , il eft de plus certain que les organes par lefquels fe font ces évacuations critiques , varient & changent comme ceux qui fervent plus pofitivement de fiege à l'affection maladive , & dans le voifinage defquels la nature a coutume d'établir fes voies générales de decharge.

C'eft fans doute pour avoir mal interprété le fait de la folution des fievres par les fueurs , que *Silvius-Delboë* & les Médecins de fon temps avoient mis en crédit la méthode fudorifique & incendiaire , contre laquelle *Sydhenam* s'eft élevé avec tant de raifon , quoique par une contradiction vraiment médicinale , & qui prouve bien le peu de cas qu'il faifoit des caufes extérieures , il fit dépendre toutes les maladies d'une fuppreffion de tranfpiration infenfible. Ainfi donc les fueurs ne forment une véritable crife par rapport à la fievre , que lorfqu'elle eft abfolument fimple & réduite à fes deux phénomenes principaux & élémentaires de fpafme & d'atonie , de froid & de chaleur ; en forte que leur effet critique porte uniquement fur le premier période qui fe diffipe & s'efface fous l'établiffement victorieux du fecond.

Hippocrate avoit bien vu de quelle utilité pouvoient être les moyens capables de décider la fueur, dans les fievres abfolument fimples & indépendantes des dégénérations humorales, avec lefquelles elles s'uniffent & s'affocient communément. C'eft dans ce fens qu'il faut entendre l'aphorifme 42 de la fect. 7 : *fi febris quæ non à bile detineat, aquâ multâ & calidâ in caput affufâ, febris folutio fit.* L'effet avantageux qu'*Hippocrate* attend de ces affufions d'eau chaude fur la tête, tient fans doute à la propriété qu'elles ont de rendre les fueurs plus libres & plus faciles ; dès-lors le confeil qu'il nous donne par cet aphorifme, ne doit s'entendre que de la fievre prife dans fa plus grande fimplicité, ou même exclufivement dans fon premier période, & abftraction faite de toute altération des humeurs, ou de la fubftance fur laquelle eft élevée la ftructure des organes. *Si has abfque putredine humorum aut partium folidarum, dari concedimus*, dit *Profper-Martian*, un des plus excellens Commentateurs d'*Hippocrate*.

La fievre éphémere, la plus fimple de toutes les fievres, eft communément diffipée, au bout d'un accès, par une éruption abondante de fueurs, qui emporte toujours la maladie d'une maniere fûre & complette, même lorfqu'elle eft produite par l'impreffion de quelque fubftance aftringente, dont l'effet unique eft, bien certainement, de contracter l'organe de la peau, & de le folliciter à des mouvemens fébriles, fpafmodiques. Il eft aifé de fe convaincre, par la lecture des ouvrages d'*Hippocrate*, que ce grand Médecin attachoit la premiere importance aux procédés capables de faire fuer copieufement les malades attaqués de ces fortes de fievres ; & dans le fecond livre de fes Epidémies, il nous recommande celui qu'il avoit coutume de mettre en ufage, & qui confiftoit à jeter fur la tête une quantité confidérable d'eau chaude, jusqu'à ce que les pieds fuffent baignés de fueurs, & à faire prendre enfuite de la farine cuite, fur laquelle il ordonnoit de boire du vin de bonne qualité, & de fe tenir en repos, après s'être couvert le corps d'une maniere convenable : *fi hominem calor corripiat non à bile neque à pituitá, fed aut à laffitudine aut alias febriat, aquam multam calefacito, deindè ea fuperfufa caput rigato, donec pedes fudaverint, farinam plurimam & calidiffimam edens, ac vinum Meracum infuperbibens, veftimentis contectus facilè quiefcat. Epid. lib.* 2, *fect.* 3.

Mais cet effet que produit la fueur, par rapport à une fievre fimple, elle le produit également par rapport à tous les fymptômes fpafmodiques; & les Praticiens ont chaque jour occafion de voir des tumeurs, des fpafmes locaux qui, pour fe diffiper, ne demandent autre chofe qu'un écoulement de fueurs abondant & foutenu; en forte que les moyens qui vont le plus puiffamment à procurer cette éruption falutaire, font en même temps les plus efficaces pour arrêter & prévenir les fuites de ces accidens, dont le kina même ne peut opérer la folution, qu'en excitant ou rétabliffant la tranfpiration infenfible.

Il fuit de-là que le fpafme en général, trouve un correctif affuré dans la fueur, & dans tous les moyens qui, comme elle, étendent le développement des forces, les déplacent diverfement, & les tranfportent loin du centre ou du foyer d'irritation. Or, la fievre nous offre un de ces moyens dans fon fecond période, & l'effet critique qu'il femble avoir, relativement aux fymptômes fpafmodiques qui rempliffent le premier ftade, peut & doit s'appliquer à toutes les affections nerveufes, dans lefquelles le fpafme offre le phénomene do-

minant. Dès-lors nous fommes autorifés à regarder
la fievre comme un inftrument de guérifon que la
nature emploie contre toutes les affections fpafmodiques, & à mettre par conféquent ces maladies dans
le nombre de celles auxquelles la fievre préfente des
fecours, dont l'Art ne difpoferoit l'appareil que par
des efforts lents, timides & mal affurés : car il
n'eft pas douteux, encore un coup, que le mouvement qui termine la fievre, & qui tend à favorifer
la répartition égale des forces, & à les rétablir
dans leur jufte équilibre, détourne, par voie de
révulfion, celles qui, ramaffées, accumulées en
maffe, affectent une tendance vicieufe, & qu'il
ne contribue ainfi à rompre & à décompofer l'appareil d'efforts, le fyftême de mouvemens fixés &
dirigés fur la partie où s'établit le centre du fpafme.
S'il eft donc une fois prouvé que le fecond période
de la fievre a pour objet d'effacer & de diffiper les
fymptômes du premier, il me paroît naturel qu'il
enleve en même temps, & par un feul & même
acte, tous les accidens fpafmodiques qui coincident
avec lui ; & je ne vois pas trop qu'il lui fût poffible
de fe déployer librement & fans contrainte, s'il
n'avoit pas la force de chaffer devant lui tout ce
qui pourroit apporter à fa marche des obftacles
auffi difficiles à furmonter que le font des fpafmes
établis d'une maniere permanente & profonde.

Et ce qui prouve invinciblement que le fecond
période de la fievre a un effet anti-fpafmodique
bien marqué, & qu'en conféquence on peut l'oppofer à toutes les maladies dépendantes de fpafme,
c'eft qu'il n'eft pas rare de voir des fievres intermittentes accompagnées de fymptômes convulfifs
& alarmans fe dépouiller de ces fymptômes à la
fin du premier accès, quoiqu'elles continuent

d'exifter long-temps après, & de fuivre le même
type, ou le même ordre de développement. Dans
ce cas, le période de chaleur qui termine le paroxyfme n'ayant d'effet que fur ce qui appartient
au fpafme, diffipe les accidens convulfifs, & laiffe
fubfifter la fievre, dont le germe ou la caufe matérielle eft placé hors des limites qui bornent fon
pouvoir. Ce moyen de folution, malgré fon efficacité par rapport à l'état fpafmodique qui conftitue
le premier ftade de la fievre, ne peut rien fur la
fievre elle-même, qui lui réfifte donc, & ne cede
qu'aux remedes propres à combattre & à corriger
la caufe dont elle dépend. Voilà pourquoi elle
continue de fe déployer de la même maniere, avec
cette différence cependant, que de pernicieufe
qu'elle étoit, par la circonftance d'être jointe à
un fymptôme grave, elle paffe à l'état d'intermittente fimple, & fe dégage de tout ce qu'elle offroit
de terrible & de menaçant. Le célebre *Hoffmann*
dit avoir vu des fievres pernicieufes dans lefquelles
on remarquoit des fymptômes fpafmodiques d'une
force & d'une continuité qui s'oppofoient à l'adminiftration du kina, & qui tomboient à la fin
d'un long paroxyfme, fans que la fievre éprouvât
de rémiffion fenfible. M. *Bruning* parle d'une jeune
fille attaquée d'une fievre dont les accès revenoient
de trois en trois jours, & dont le période de froid
ou de fpafme étoit remplacé & mafqué par des
mouvemens épileptiques, qui ne laiffoient pas de
difparoître à l'approche de la chaleur fébrile, &
lorfque les fueurs commençoient à s'établir. M.
Medicus a donné la defcription d'une épidémie de
fievre pernicieufe convulfive, dépendante d'une
furabondance de fucs bilieux fixés dans les premieres voies, dont le début s'annonçoit par une

chaleur brûlante , sans frisson précurseur ; par des
douleurs vivement ressenties dans le dos , les lombes
& les extrêmités ; enfin par tous les signes des
maladies convulsives joints à ceux des affections
qui intéressent les premieres voies ; & ces signes
se soutenoient jusqu'à ce qu'une éruption copieuse
de sueurs terminât l'accès , en adoucissant les
symptômes convulsifs, par rapport auxquels la rémission étoit toujours plus marquée. En général ,
nous pouvons avancer avec l'excellent M. *Ranh* ,
que toutes les fievres pernicieuses convulsives , épileptiques , décident un appareil de symptômes qui
diminuent d'intensité , & s'affoiblissent sensiblement à la fin du premier paroxysme , auquel suc-
cede toujours un écoulement de sueurs qui amene
bientôt une rémission plus ou moins long-temps
soutenue. C'est dans cet état de rémission que le
kina , donné à hautes doses , peut arrêter & prévenir les symptômes du paroxysme suivant, tandis
qu'administré au moment même de l'accès, dans
le temps où les forces du malade se trouvent le
plus éloignées de leur état naturel , & avant qu'elles
soient un peu revenues à leur mode ordinaire de
distribution , le kina , loin de calmer les accidens
maladifs , ne feroit qu'ajouter aux dangers qui
menacent les jours du malade , & sur l'événement
desquels la fin de l'accès peut seul avoir quelque
influence.

Les raisons qui nous induisent à admettre dans
la fievre la propriété d'être anti-spasmodique ,
peuvent s'étayer encore de l'autorité d'*Hippocrate* ,
dont l'opinion me paroît formelle sur ce point, &
ne doit souffrir aucune contestation ; car outre qu'il
a singuliérement multiplié les observations de maladies spasmodiques ou convulsives guéries par
l'établissement

l'établiſſement de la fievre, comme nous le verrons
avec plus d'avantage en ſon lieu ; outre qu'il a
donné bien ſouvent l'abſence de la fievre comme
un ſigne évident des dangers affectés à ces ſortes
de maladies, il dit en termes précis, que la fievre
décompoſe & diſſipe le ſpaſme : *febris ſpaſmum*
ſolvit ; aſſertion qui ne peut s'appliquer qu'à une
fievre abſolument ſimple, conſidérée excluſivement,
dans les effets que décide ſon ſecond période, &
abſtraction faite de ceux qui ſont produits durant
le premier, qui tendent à renforcer & à accroître
le ſpaſme, loin de le corriger & de le détruire.

Maintenant ſi nous examinons avec ſoin la nature
des remedes les plus généralement employés contre
les affections nerveuſes-ſpaſmodiques, il ſera aiſé
de nous convaincre qu'ils ont tous pour objet de
mettre le corps dans un état analogue à celui où
il ſe trouve pendant le ſecond période de la fievre,
qui dès lors fait tout d'un coup ce que l'Art tâche
de procurer à la longue, par un traitement méthodique & convenable. Tous ces remedes en effet agiſſent,
en tranſportant les forces de l'intérieur à l'extérieur
du corps, en les diſtribuant d'une maniere plus
égale, afin d'empêcher qu'elles s'amaſſent & ſe
concentrent ſur un organe plutôt que ſur un autre, & qu'elles forment par cette accumulation
vicieuſe les ſpaſmes dont l'exiſtence conſtitue la cauſe
de ces maladies, & la ſource des indications curatives.

Les bains tiedes, les frictions faites avec des
étoffes de flanelle trempées dans des décoctions
de plantes émollientes, un exercice léger & fréquemment répété, le régime affoibliſſant, l'uſage
continué du petit lait, de l'eau de poulet & des
boiſſons adouciſſantes, les remedes que l'obſerva-

H

tion a prouvé avoir un effet antifpafmodique bien
décidé , ceux fur-tout qui s'appliquent immédiatement fur l'organe de la peau , & qui agiffent en
follicitant l'action des organes fecrétoires , &c.
Tous ces moyens employés dans le cas de
maladies nerveufes fpafmodiques , ne tardent
pas à diminuer d'une quantité confidérable
les accidens dont elles s'accompagnent, en invitant
la nature à fubftituer au fpafme qui les entretient ,
une diftribution égale de forces fur tous les points
de la maffe du corps qui ne s'y prête qu'à la faveur de la raréfaction fenfible qu'elle éprouve ,
& fous les efforts de laquelle elle s'étend & fe
dilate. *Neceffe eft omnibus modis corporis fumma
rarefacere* , difoit *Galien* , en parlant d'une
affection fpafmodique , & les moyens qu'il em-
ployoit pour obtenir cet effet , rentrent dans la
claffe de ceux dont nous faifons ufage aujour-
d'hui ; *nulla alia* , dit-il , *datur idonea curatio
præter eam quæ ex frictione paratur , & radi debet
cutis linteis afperis deincepsque oleo relaxante
perfricari, nullatenùs autem aftringente. Method.
med. liv.* 12. Nous pouvons remarquer que la
maniere dont *Galien* conçoit le traitement méthodique des maladies nerveufes, s'accorde parfaitement avec les idées qu'il s'étoit formées fur les
phénomenes du fecond période de la fievre , &
qu'en rapprochant ces deux idées l'une de l'autre , il
n'eft pas poffible de refufer à ce dernier un effet
vraiment curatif par rapport à toutes les affections du premier genre , puifqu'il fait confifter
leur traitement dans l'emploi des moyens capables de raréfier la maffe entiere du corps , & que
d'un autre côté , il met la raréfaction dans le
nombre des phénomenes conftitutifs de l'état

fébrile. *In omni febre rarefactio & relaxatio*

Mais comme en Médecine les preuves tirées de l'analogie & de l'autorité ne suffisent pas, & que nos connoissances médicinales ne sont lumineuses & appliquables à la pratique qu'autant qu'elles semblent être des conféquences immédiates & rigoureuses des faits observés, il faut interroger de plus près l'observation qui ne trompe jamais, & qui peut feule porter jusqu'à l'évidence la vérité de nos principes. En lisant avec attention le traité des maladies chroniques de M. de *Bordeu*, on voit que toutes les maladies prises dans la claffe des affections spafmodiques font celles qui cedent le plus facilement à l'usage des eaux, pourvu feulement qu'elles procurent une augmentation fensible de fievre. Dans la seconde partie de ce bel Ouvrage, il parle de plufieurs maladies dépendantes de fpasme, comme font les pâles-couleurs chez les femmes, l'hipocondriacie chez les hommes, qui de chroniques devenoient aiguës, & fe terminoient complétement par cette transformation que la fievre décidoit d'une maniere affez brufque. On fe laiffera perfuader fans peine que les eaux minérales agiffent le plus fouvent en excitant la fievre, fi l'on obferve qu'elles donnent des réfultats qui ne font point du tout en rapport avec leur nature particuliere : expliquera-t-on, en effet, pourquoi des eaux de nature fort différente réuffiffent également dans les mêmes maladies, & pourquoi par une raifon femblable, des eaux de même efpece peuvent fe prefcrire avec un égal avantage contre des maladies qui admettent des différences bien tranchantes, fi l'on ne fait compte que des propriétés fournies par les divers principes qu'elles contiennent, & fi l'on ne voit que ces principes diftincts fe rapprochent & fe tiennent par un effet commun ? Or il eft à préfumer que cet effet généralement accordé à toutes les eaux, vient de ce qu'elles peuvent toutes, & dans tous les cas, inviter la nature par de légeres excitations fébriles à reprendre l'exercice de fes forces, à fe reveiller & à mettre en jeu une activité qui lui manque dans toutes les maladies chroniques, quel que foit d'ailleurs la variété des caufes dont elles dépendent, & la diverfité des fymptômes fous lefquels elles fe montrent. Cependant fi nous comparons entr'elles les obfervations que l'on a raffemblées fur les guérifons opérées par l'ufage des eaux minérales, il nous fera facile d'appercevoir qu'elles concernent en grande partie des affections dans lefquelles l'état fpafmodique ou nerveux donne des fignes manifeftes de fa prédominance.

Il y a plus, c'eft que ces fortes de maladies, pour fe diffiper & difparoître, n'ont bien fouvent befoin que d'être foumifes à l'influence des moyens capables de développer des accès fébriles lorfqu'ils n'exiftent pas, ou de les augmenter lorfqu'ils exiftent déjà, en changeant, comme par un effort brufque, la diftribution naturelle des forces dont le corps eft pénétré. C'eft fur elles effectivement que les paffions influent de la maniere la plus fenfible & la plus avantageufe. Les Ouvrages de tous les Obfervateurs font remplis de faits qui prouvent la puiffance étonnante des paffions fur l'événement heureux ou malheureux de certaines maladies que l'on croyoit incurables. Il réfulte de ces faits que les mouvemens excités par les paffions, tout défordonnés, tout tumultueux qu'ils femblent être, peuvent, dans bien des circonftances, produire

une révolution avantageuse par rapport à celui qui
les éprouve , & s'opposer même quelquefois au
progrès des causes de maladies dont son corps
est atteint. Et en suivant ces observations , nous
venons à reconnoître que les affections nerveuses
spasmodiques sont celles qui doivent le plus à leur
influence dont aucune maladie ne reçoit les effets
avec autant de sûreté & de constance. C'est là sans
doute qu'elle étoit l'idée *d'Hippocrate* , lorsqu'il disoit , *quibus in febribus ardentibus tremores facti*
fuerunt , mentis emotio solvit. Or il est aisé de
saisir une relation bien directe , une correspondance
bien intime , entre l'état dans lequel nous jettent
les passions & l'ordre des mouvemens dont la fievre nous agite , puisque dans l'un & l'autre cas la
distribution naturelle des forces se trouve étrange-
ment altérée , & que les nouvelles tendances qu'elles reçoivent de la part des passions , sont
comme celles que la fievre leur imprime , également portées de la circonférence au centre sur
lequel s'appuyent les visceres intérieurs dont la région épigastrique est composée, ou rejetées du centre à la circonférence dont l'organe de la peau occupe toute l'étendue.

A côté des modifications puissantes que les passions font éprouver aux maladies par spasme, nous
pourrions placer encore les avantages évidens
qu'elles retirent de l'électricité, qui, comme on
le sait aujourd'hui, est un des moyens d'excitation
les plus actifs & les plus capables d'inviter la nature
à développer des mouvemens fébriles. M. *Laroche*,
dans *son analyse raisonnée des fonctions du syf-*
téme nerveux , observe très-bien que les commotions électriques , répétées à plusieurs reprises, &
soutenues pendant un intervalle de temps assez

long , peuvent être employées, avec fuccès , toutes
les fois que des membres font frappés de contrac-
tions vives qui les retiennent dans un état de rigidité
apparente , en conféquence de la force tonique ,
ou d'un fpafme permanent de quelqu'un de fes
mufcles. Et ce qu'il y a de remarquable dans
cette obfervation , c'eſt que l'électricité ne combat
le fpafme qu'en décidant l'atonie parfaite des mufcles affectés , puiſque M. *de Laroche* a vu la pa-
ralyſie fuivre fréquemment l'emploi de ces remedes,
dans les cas dont nous venons de faire mention.
Il nous feroit facile de citer des exemples de tétanos , de tremblemens , de convulſions , d'épilepfie , de maladies hiſtériques , de rhumatiſmes ,
& de toutes les affections fpafmodiques , fous quelque forme qu'elles fe préfentent , guéries par l'é-
lectricité , dont je compare ici la maniere d'agir
à celle des fecouffes & des agitations que la fievre
imprime au corps fur lequel fes mouvemens s'établiffent. On peut confulter , fur cet objet , les ouvrages de *de Haën* , de *Prieſtley* , de *Watſon* ,
de M. *Mauduit* , de *Sauvages* , de *Gardini* ,
ceux de l'Abbé *Bertholon* , & une excellente
differtation de M. *Bonnefoi* (1).

---

(1) Ne pourroit-on pas concevoir, d'après les mêmes vues, quelques-uns des effets produits par la fameufe chimere du Magnétiſme ?
Car en admettant la plûpart des faits avancés par les enthouſiaſtes
de ce moyen myſtérieux de guérifon, je ne me refufe qu'aux conféquences qu'ils ont voulu en déduire. En admettant que les procédés
des Magnétifeurs peuvent faire quelque chofe dans certaines circonftances, & lorfque le corps fur lequel ils agiffent fe trouve difpofé
à reffentir vivement tous les moyens d'excitation quelconques, & à
y répondre par des fenfations fortes & inaccoutumées, je nie qu'ils
faffent jamais rien d'une maniere abfolue, néceffaire, & par la vertu
déterminée de quelqu'agent fingulier. Tel autre agent extérieur, tel
autre moyen d'excitation, feroit la même chofe, & ramèneroit les
mêmes prodiges, s'il étoit appliqué fur le corps, dans les mêmes
circonfances, & fous le concours exact des mêmes difpofitions. Il

Mais l'efficacité de la fievre, dans les maladies
spasmodiques, est sur-tout mise en évidence par
la promptitude avec laquelle ces maladies se dissipent d'elles mêmes, dès qu'il survient un léger accès
de fievre. Il n'est pas rare de voir des enfans qui,
par une disposition contractée dans le sein de leur
mere, sont sujets à éprouver des mouvemens
convulsifs, dont ils perdent l'habitude à l'époque de la dentition ; parce que la petite fievre
qu'elle leur procure a quelquefois assez de force
pour emporter les spasmes qui forment la cause
immédiate de ces convulsions. Et si par hasard il
arrive que ces maladies résistent aux efforts par
lesquels la nature prélude à la sortie des dents,
elles cedent toujours à la puissance victorieuse de
la puberté, qui s'annonce aussi par une fievre, dont
l'objet est de faire pousser au corps un jet brusque
& rapide, en même temps qu'elle attaque dans
leur principe toutes les maladies de l'enfance susceptibles de ressentir avantageusement son influence;
aussi M. *Russel* a-t-il regardé l'époque de la puberté
comme amenant la crise de toutes les maladies
particulieres à l'enfance. Idée grande & sublime,
dont le germe se trouve dans les ouvrages des Anciens, quoique M. *de Bordeu* l'ait présenté comme
une idée nouvelle.

---

n'est pas douteux que l'état d'contrainte & de gêne dans lequel on
place les malades soumis à l'action du Magnétisme ; l'attention soutenue qu'on exige d'eux ; le mouvement des mains du Magnétiseur,
qui parcourt le corps dans toute son étendue ; la pression que ces
mains exercent de temps en temps sur la région de l'épigastre &
des hypocondres ; les erreurs de l'imagination, qui va toujours au-delà
du vrai, pour s'élancer au-devant du miracle *qu'un nouveau Prêtre
Egyptien* prépa e ; tout cela est bien propre à troubler la nature, &
à la solliciter au développement de l'appareil fébrile. Peut-être le
Magnétisme seroit-il de quelqu'utilité sous ce rapport, comme capable
de décider & d'appeller la fievre ; mais ce moyen auroit encore
l'inconvénient de tous les autres.)

Mais fans rechercher comment les révolutions de cette efpece peuvent modifier le corps au point de le dénaturer, pour ainfi dire, & de changer d'un feul coup toutes fes habitudes, ce n'eft pas fans raifon que je fuis tenté de les attribuer à quelque chofe de femblable, ou du moins, de fort analogue aux actes fébriles, puifqu'il y a bien des circonftances dans lefquelles la fievre fait fpontanément, quoique d'une maniere plus lente & plus ménagée, ce qui arrive à la fuite de ces profondes révolutions. Il n'eft point de Médecins à qui la pratique n'ait fourni plufieurs exemples de cet événement ; & il n'en eft aucun qui ne fe foit trouvé dans le cas de vérifier l'aphorifme d'*Hippocrate*, *à convulfione aut diftentione nervorum vexato, febris fuperveniens, morbum folvit.* *Aph.* 57, *feƈ.* 4. M. *de Sauvages* comprend, fous la dénomination de fpafmes, un genre entier de maladies, auquel il affigne la fievre comme moyen prefque unique de guérifon. *Nofol. Méthod.*

En fuivant avec attention l'hiftoire des fievres épidémiques, on peut s'affurer que ceux qui font fujets aux maladies convulfives n'éprouvent leurs accès qu'à des intervalles plus reculés, tant que dure l'épidémie, ou même qu'ils en font totalement délivrés, s'ils font frappés de l'épidémie régnante. M. *Tiffot* rapporte qu'une fievre épidémique trèsgrave guérit un enfant qui étoit épileptique depuis trois ans, dont les accès revenoient fouvent plufieurs fois par jour, & qu'aucun remede n'avoit pu foulager. *Hoffmann* parle d'une affection vermineufe dans laquelle les vers excitoient des mouvemens convulfifs qui duroient jufqu'à ce qu'ils euffent décidé une véritable fievre, quoique la caufe des mouvemens fébriles fût auffi celle qui aupara-

vant produifoit des fymptômes convulfifs. *Hippocrate* difoit, fondé fans doute fur des obfervations
de ce genre, qu'il aimoit mieux voir la fievre fe
joindre aux convulfions, que les convulfions s'unir
avec la fievre: *febrem convulfioni fupervenire meliùs
eft quàm febri convulfionem.* Les Anciens avoient fur-
tout la plus grande confiance pour la fievre quarte,
& ils la regardoient comme un préfervatif affuré de
toutes les maladies convulfives, qu'ils avoient vu
fe dépouiller de tout ce qu'elles offrent de terrible
& de dangereux, à l'approche de cette efpece de
fie re ; *qui à quartanis corripiuntur, non ita valdè
à convulfionibus corripiuntur. Si verò priùs cor-
ripiantur & quartana infuper accedat, ceffant.*
Aph. 70, *fect.* 5. *Riviere* a dit, dans le même fens:
*quartana febris epilepfiæ fuperveniens & diù per-
feverans, eam folvit.* Pag. 177.

On a fi bien fenti de tout temps l'utilité de la
fievre, dans les maladies dépendantes de fpafme,
que l'Art a tâché d'étendre fa puiffance fur la production des mouvemens fébriles, qu'il a cru fauffement pouvoir folliciter & maîtrifer à fon gré.
La pratique de décider la fievre par des moyens
artificiels remonte aux temps les plus reculés.
Hippocrate faifoit ufage de ce fecours, dans la vue
de guérir le tétanos ; & fon procédé confiftoit à
verfer brufquement de l'eau bien froide fur toute
la furface du corps. Mais pour cela il exigeoit que
la faifon fût très-chaude ; que le malade fût jeune,
charnu, bien mufclé, d'un tempérament vigoureux, & fur-tout que fes convulfions ne fuffent pas occafionnées par une bleffure: *quandò-
que verò in diftentione, fine ulcere, juveni car-
nofo, æftate mediâ, frigidæ multæ adfufio aquæ
caloris revocationem facit, calor autem hæc folvit.*

On est dans l'usage de faire ces affusions d'eau froide en Amérique, où le tétanos est si fréquent. Tous les autres moyens que l'on a proposé depuis vont à décider une irritation plus ou moins vive, dont l'effet, puissamment ressenti par la nature, la sollicite à déployer tout l'appareil des mouvemens fébriles. Je remarque, à cette occasion, que ces moyens, trop irritans, ne peuvent trouver place dans les maladies spasmodiques, dont un excès d'irritabilité forme le caractere principal. Mais nous reviendrons sur cet article.

C'est donc une chose incontestable que la fievre a une action évidente contre toutes les maladies auxquelles le spasme donne naissance ; que son second période présente l'instrument dont la nature se sert pour mettre en voie de solution ces maladies, dans lesquelles il est dès lors avantageux de l'exciter & de la soutenir. Cette vérité est la conséquence rigoureuse des faits & des preuves que nous avons accumulés ; & je crois qu'elle peut s'appliquer indifféremment à toutes les maladies qui reconnoissent la même cause, ayant égard aux circonstances particulieres, capables de spécifier cette cause générale, de lui donner sa forme, & de changer l'ordre des rapports qu'elle soutient, avec les effets les plus généraux de la fievre ; car nous n'avons considéré jusqu'à présent le spasme que comme occupant tout le système des organes, & comme fixé sur la masse entiere du corps, dont il trouble à la fois toutes les fonctions ; ce qui constitue un genre très étendu de la classe des maladies spasmodiques, & qui comprent toutes celles dont la cause frappe le corps dans sa totalité, & s'annonce par un excès de vigueur & de ton, comme font, par exemple, les convulsions ; les

tremblemens, le tétanos, la catalepsie, la roideur
des membres, &c.

Mais cet état de spasme ou d'irritation vive,
ou bien encore de crispation, comme parlent
quelques modernes d'après *Boerrhaave*; cet état,
dis je, peut exister plus spécialement dans telle
partie que dans telle autre; intervertir d'une maniere plus soutenue l'ordre de fonctions qui leur
est départi, & donner lieu par conséquent à des
maladies qui se présentent sous une apparence de
symptômes bien différens, quoiqu'elles dépendent
d'un seul & même état maladif, & qu'elles se
tiennent toutes par l'identité de la cause dont elles
procedent. Il n'est pas douteux que ces affections
spasmodiques locales soient puissamment modifiées
par la nature de l'organe qu'elles occupent, &
qu'en général, la circonstance d'appartenir à tel
ou tel organe apporte des variétés considérables
dans la distribution des moyens qu'elles indiquent.
Ainsi la fievre, qui est toujours utile par rapport
à la disposition spasmodique, peut devenir dangereuse, ou du moins équivoque, à raison de l'organe sur lequel elle établit son siege d'une maniere
plus spéciale & plus soutenue.

Cependant il ne faut pas perdre de vue que les
spasmes qui embrassent un organe circonscrit &
déterminé se guérissent par la fievre, & se guérissent même plus sûrement que ceux dont l'action
frappe à la fois le corps dans toute son étendue;
en sorte qu'à tout prendre les affections spasmodiques locales ou partielles, comparées aux affections
spasmodiques générales ou universelles, sont de
nature à se dissiper plus facilement & plus complétement par les effo ts fébriles, lorsqu'ils n'é-
prouvent toutefois aucun obstacle & aucune con-

trainte de la part des organes autour defquels ces
affections s'exercent, puifque celles-là difparoiffent
dès le premier période de la fievre, qui eft donc
critique par rapport à elles, fans avoir befoin d'être
fuivi du fecond; car la fievre, dans fon premier
période, amene bien certainement un état fpafmodique qui agit en fens contraire de celui qu'on
a deffein de combattre. Elle étend, elle généralife
le fpafme qui s'étoit porté & limité fur un organe
particulier ; elle le détruit par voie de révulfion,
& le force à fe diffiper fous les efforts victorieux
de celui qu'elle tâche d'introduire fur toute l'habitude du corps. *Spafmus fpafmum folvit*, difoit
le pere de la Médecine ; ce qui doit s'entendre
des fpafmes locaux que l'on décompofe, foit en
décidant un fpafme plus général qui, par fon étendue, change la direction des forces, & diffipe
leur accumulation vicieufe, foit en établiffant fur
des parties oppofées d'autres fpafmes locaux, qui
les dérivent & les détournent de leur propre foyer,
comme font les faignées & les véficatoires, &c.

Les ouvrages de tous les Auteurs font remplis
d'obfervations qui prouvent que des affections fpafmodiques locales peuvent être emportées par la
fievre. Le bon M. *Piquer* cite l'obfervation d'une
femme qui fut délivrée par la fievre d'un tétanos
partiel. *Prax. Med.* *Wan Swieten* parle d'une
céphalalgie & d'une douleur fixée fur l'épaule droite,
qu'une fievre quarte enleva. *Hoffmann* fut confulté
pour une femme qui éprouvoit des mouvemens convulfifs dans le bras droit, & à qui la crainte de fubir
une opération douloureufe donna une fievre fi forte,
que fes accès ne revinrent plus. *Hippocrate* avoit
déjà remarqué que les coliques & les fuppreffions
d'urine, décidées par l'irritation de cette liqueur,

étoient mortelles , si la fievre ne survenoit pas
avant le septieme jour. *Quibuscumque ex urinæ
stillicidio volvulus accedit , hi in septem diebus
pereunt, si non febre accedente, urina satis fluxerit.*
Klein assure , comme une vérité de fait, que la
fievre quarte guérit toujours l'asthme convulsif.

Il est assez probable que les obstructions dépendent pour l'ordinaire de spasmes qui attirent &
font fluer une plus grande quantité d'humeurs vers
les parties qu'elles attaquent ; ce qui détermine
des congestions vives , décide dans les vaisseaux
& les membranes des crispations irrégulieres , au
point que le mouvement des humeurs se trouve
gêné, s'éteint même quelquefois tout-à-fait , &
laisse former des stagnations complettes.

Or, ces accidens sont arrêtés & prévenus par
la fievre, qui rompt brusquement le spasme, dont
l'établissement prélude à leur formation. *Quibuscumque citrà præcordium dolores fiunt absque
inflammatione, his febris accedens dolorem solvit.*
Hipp. Aph. 40 , *sect.* 6. Il ne faut pas perdre de
vue cependant qu'en général la fievre est d'un
avantage plus équivoque & moins certain par
rapport aux spasmes qui se fixent sur les organes
situés dans l'intérieur du corps ; parce que dans
son premier période, elle tend à renforcer ces
spasmes intérieurs , en frappant d'une contraction
vive & soutenue les viscères vers lesquels elle dirige
les humeurs ; d'où il seroit à craindre qu'elle décidât
des congestions , des concrétions polypeuses , des
stagnations , &c. qui deviendroient bientôt mortelles , par la circonstance d'attaquer des organes
nécessaires à la vie. M. *Kæmps* observe que ceux
qui sont atteints de l'affection hypocondriaque , ne
peuvent être attaqués de fievres intermittentes, sans

qu'à l'invafion de chaque accès ils éprouvent des retours de cardialgie cruelle avec danger de fuffocation.

Tout ce que nous avons dit fur les maladies nerveufes - fpafmodiques fuffit pour indiquer le moment où la fievre paroît le mieux convenir; car comme il n'y a que le fpafme fimple & dénué de toute complication, qui foit fufceptible d'être adouci & foulagé par la fievre, il eft clair qu'il faut, avant que la fievre puiffe être utile, amener la maladie à cet état de fimplicité primitive par la deftruction de la caufe qui l'entretient, fuppofé qu'elle dépende d'une caufe humorale, & qu'elle exifte, compliquée avec telle ou telle altération du corps. Lorfque la caufe matérielle des maladies nerveufes eft détruite, elles font emportées par le premier accès de fievre qui furvient au moment même du paroxyfme; car ces affections peuvent être confidérées, ou dans le moment de l'accès, ou dans les intervalles de repos que les paroxyfmes laiffent entr'eux. Il eft aifé de voir que la fievre ne doit pas convenir dans le dernier cas, puifque l'inftant où les fymptômes d'une maladie font adoucis & cachés, n'eft pas celui d'introduire une maladie nouvelle. D'ailleurs la fievre, par l'irritation qu'elle produit, ne tarderoit point à ramener les fymptômes fpafmodiques, qui deviendroient dominans, & finiroient par trancher d'une maniere pernicieufe fur les effets de la fievre auxquels ils feroient poftérieurs, & dont pour cela feul ils brideroient le développement falutaire, en étouffant les forces fous la contrainte & le poids d'une oppreffion infurmontable. *Convulfio febri fuperveniens malum.* Hipp.

Maladies nerveuses dépendantes d'atonie ou de foiblesse.

Sans donner de ces maladies une description détaillée & suivie, je me bornerai à y considérer, comme dans toutes les autres, ce qui les spécifie bien précisément, & à noter sur-tout les circonstances principales qui les tiennent soumises à l'influence bonne ou mauvaise de la fievre.

Un caractere essentiel de toutes les maladies qui appartiennent à cette classe est de se préparer d'une maniere lente, & par un progrès comme imperceptible ; en sorte qu'elles touchent au moment de se déployer avec toute l'intensité de leurs symptômes, avant qu'elles aient donné encore aucun signe manifeste de leur existence. Ce n'est qu'après avoir déjà fortement appuyé sur les organes qui forment leur siege principal, qu'elles s'annoncent par un état de mollesse & de débilité radicale, qui ne permet pas aux organes affectés de mettre en usage les forces qu'ils se trouvent avoir en leur puissance. Cette foiblesse une fois bien établie & long-temps subsistante, décide des affections analogues, & mene à sa suite des symptômes qui, quoiqu'appartenans au même fonds de maladie, & placés sous la dépendance d'une seule & même cause, restent néanmoins distincts & séparés par des différences relatives à la nature des organes que cette cause occupe, & à la maniere dont elle les affecte sensiblement.

Et d'abord nous voyons que l'effet le plus général de ces maladies étant d'introduire dans les organes une mollesse vicieuse par son excès, de faire prendre aux forces qui les animent une direction diamé-

tralement oppofée à celle que leur donne le fpafme,
& de placer enfin le corps dans un état qui contrafte effentiellement avec la difpofition fpafmodique dont nous avons déjà tant parlé , il eft clair
que ces deux claffes d'affections maladives ne fe
touchent par aucun point de reffemblance ; qu'elles
doivent être traitées d'après des vues bien différentes , & que les mêmes fecours ne peuvent s'appliquer à toutes deux avec un égal avantage, puifque
les deux états du corps qu'elles fuppofent paroiffent
deftinés, dans le plan de la nature à fe corriger & à fe
remplacer mutuellement, en forte qu'en général on
ne remedie jamais avec plus d'efficacité à l'un de
ces états, que lorfqu'on tâche d'amener & de procurer l'autre, comme nous l'avons déjà prouvé :
d'où il faut conclure que la fievre nous devient
fufpecte, dans les maladies dépendantes de foibleffe,
par les mêmes raifons qui nous la rendent précieufe dans les maladies fpafmodiques.

Si nous fuivons les progrès fucceffifs d'une fievre
qui fe développe fans contrainte, & qui parcourt
exactement tous fes périodes, nous aurons occafion
de nous convaincre qu'elle fe termine prefque toujours par un abattement extrême des forces, &
un état de langueur & d'inertie qui difpofe quelquefois à la génération de maladies plus graves.
Perfonne n'ignore qu'on eft dans l'ufage d'achever
le traitement des fievres par l'adminiftration du
kina, ou de quelqu'autre tonique approprié, afin
de prévenir les fuites funeftes attachées à la foibleffe dont elles frappent toute la conftitution.
Il n'eft pas douteux en effet que les fueurs qui
coulent abondamment de toutes les parties du
corps, à la fin d'un accès de fievre, dépendent
de la raréfaction & de la détente que le corps
éprouve,

éprouve, au moment où le second période commence à s'établir. Alors viennent tous les symptômes de la foibleffe, qui fe manifeftent & fe
foutiennent jufqu'au retour de l'accès, à l'approche
duquel ils fe diffipent, pour reparoître de nouveau
après fa terminaifon ; en forte que la fievre n'a
réellement d'action fortifiante que dans le moment
même où elle eft en pleine vigueur, & que l'état
qui lui fuccede eft toujours marqué par tous les
fignes de l'atonie & de la foibleffe ; & comme la
fievre finit ordinairement par ajouter à cette foibleffe, lorfqu'elle exifte, ou par la décider, lorfqu'elle n'exifte pas, il eft à préfumer que dans ce
cas la fomme des maux qu'elle peut attirer au
malade doit l'emporter fur le foulagement que l'on
voudroit fe procurer par elle.

(Cette préfomption me paroît d'autant mieux
fondée, qu'il ne feroit peut être pas difficile de
prouver que la fievre devient une occafion d'exciter
& de réveiller les fonctions qui peuvent le mieux
fervir à la combattre, fi elle s'établit fur un corps
qui refte en pleine poffeffion de fes forces, tandis
qu'au contraire elle fe transforme en moyen propre
à augmenter l'énergie des fonctions qui peuvent le
mieux favorifer fon accroiffement & fa pente à la
malignité, fi elle fe fixe fur un fujet d'une conftitution foible, & auquel l'emploi de fes forces
manque en tout ou en partie. Dans le premier cas,
les fonctions vitales font les plus excitées, & elles
s'exercent avec une grande activité, relativement
aux autres fonctions, qui demeurent dans l'abattement & l'inertie. Les pulfations du cœur deviennent donc alors plus fenfibles, celles du pouls plus
fortes ; la chaleur plus élevée ; la circulation plus
rapide ; lorfque d'un autre côté les fens n'ont plus

I

qu'un exercice imparfait, & qui femble prêt à
s'éteindre ; les membres tombent dans l'inaction,
& leurs mouvemens ne s'exécutent plus qu'avec
une contrainte & une difficulté qui les rend péni-
bles ; l'eftomac perd fa puiffance de digérer, &
les alimens n'y reçoivent qu'une altération putride,
bien éloignée de celle qui doit les convertir en
chyle, ou bien ils n'éprouvent celle-là qu'après y
avoir féjourné plus long-temps qu'à l'ordinaire.
Dans le fecond cas au contraire, les fonctions
vitales fouffrent le principal dommage, & leur
activité fe ralentit, fans que la perte qu'elles en-
durent foit accompagnée d'aucune altération fenfible dans le refte des fonctions. Les arteres & le
cœur battent foiblement ; la chaleur fe laiffe à peine
fentir ; la circulation ne fe fait plus que d'une maniere lente & embarraffée, quoique les facultés
intellectuelles fubfiftent dans une intégrité apparente, & que les forces, appliquées à digérer les
fubftances alimentaires, ou à mouvoir les membres, ne fubiffent qu'un léger dérangement. Les
fievres inflammatoires qui attaquent les gens fort
robuftes, d'une conftitution athlétique, qui ont le
tiffu des chairs fort refferré, &c., nous offrent
un exemple du premier genre, auquel on pourroit
oppofer en preuve du fecond, le fait des fievres
pituiteufes, qui font plus généralement répandues
parmi les perfonnes foibles, délicates, fenfibles,
fort chargées d'embonpoint, & qui ont été long-
temps expofées à l'action des caufes affoibliffantes.)

Hoffmann obferve avec raifon que la fievre eft
fuivie de dangers alarmans, toutes les fois qu'elle
attaque des fujets affoiblis par l'âge, par une
mauvaife maniere de vivre, ou par une autre caufe
quelconque ; & il a vu fouvent des fievres inter-

mittentes bénignes qui, dans cette circonftance,
tendoient à fe transformer en continues, & à prendre
un caractere de malignité, au progrès duquel le
kina feul avoit le pouvoir de s'oppofer. L'illuftre
M. *Schroëder* obferve que la fievre devient par
elle-même la fource de mille maux, pour les
hommes qui manquent d'activité & de force, chez
lefquels les fonctions vitales font affoiblies, les
vifceres & le fyftême nerveux endommagés, comme cela fe rencontre parmi les gens fédentaires,
cachectiques, fcorbutiques, & parmi tous ceux
qui font affectés d'une foibleffe radicale, dont les
fymptômes s'aggravent aux approches de la fievre.
Tom. 2, pag. 106, de virib. nat., &c. M. *Cullen*,
de fon côté, a vu que la durée d'une fievre étoit
affez généralement proportionnelle à la lenteur
plus ou moins grande avec laquelle fe déploient
les forces qui doivent fournir à fon entier développement. D'où il fuit qu'à tout prendre, la fievre
qui fe joint aux maladies dépendantes de foibleffe
eft un fymptôme dangereux, dont on ne peut tirer
aucun préfage flatteur pour l'avenir, puifqu'elle
annonce ou une maladie dans laquelle la malignité
fe montre, & tranche au point de rendre la fuppreffion de la fievre néceffaire, ou une maladie qui
marche avec une lenteur extrême; & dans ce cas
elle devient d'autant plus dangereufe, par la circonftance d'attaquer un corps affoibli, que l'efpace
qui mefure fa durée eft plus confidérable.

Ainfi donc, quelque confiance que l'on veuille ajouter à la fievre, pour la guérifon des maladies; quelqu'étendue que l'on prétende donner à fon pouvoir,
on eft obligé de reconnoître qu'elle tend prefque
toujours à introduire un affoibliffement fenfible
dans la conftitution, & à frapper le fyftême des

forces d'une débilité radicale, dont l'effet se prolonge & se fait sentir, même bien long temps après
la disparition complette de ses phénomenes ; car
je ne crois pas que l'on puisse assigner une autre
cause aux accidens multipliés que les fievres laissent
après elles. *Hoffmann* a dit, avec beaucoup de
vérité, qu'il y avoit peu de fievres qui ne décidas-
sent, à la longue, un état cachectique, auquel
l'hydropisie ne tardoit pas à succéder. MM. *Vagler*
& *Roëderer* ont vu presque toutes les fievres qu'ils
décrivent se terminer par des œdèmes que le kina
seul avoit le pouvoir de dissiper. Ces accidens indiquent bien l'état de foiblesse dans lequel est
plongé le tissu cellulaire, qui, à la suite des fievres
de long cours, n'a pas assez d'activité pour retenir
& repousser l'humeur séreuse, lorsqu'elle cherche
à se répandre à travers les différentes lames qui le
composent. C'est aussi par un défaut d'activité semblable que les extrêmités inférieures deviennent un
centre de fluxion vers lequel se portent les humeurs
de tout le corps, qui, en se déposant sur quelqu'un de leurs points, & principalement sur les
articulations, forment les tumeurs que l'on y remarque, après des fievres d'une durée considérable.
*Qui ex febre longâ laborant iis tumores in articulis
oboriuntur.* Hipp. Aph. 44, lib. 4. M. *Stool*, qui
compte parmi les Praticiens moins d'égaux que
de jaloux, dit avoir vu souvent les fievres intermittentes dégénérer en tabés. *Intermittentium
febrium in tabem converfio non rariffimè occur-
rebat.* Ce sont là des faits que j'ai choifi au hafard,
dans les premiers ouvrages qui me sont tombés
sous les mains. Il n'est aucun livre de Médecine
qui ne pût m'en fournir un grand nombre.

Il reste donc bien prouvé que la fievre affoiblit

le corps qui en eft le fujet ; qu'elle favorife &
augmente l'atonie ; qu'elle s'oppofe au rétabliffement des forces , du ton ou du *robur phyficum* ,
fuivant l'expreffion des Médecins , & qu'elle n'a
dès-lors rien de ce qui pourroit la rendre avantageufe dans les maladies dépendantes de foibleffe ,
dont nous examinons ici les rapports d'influence
qui les lui fubordonnent.

Je fais bien que le premier période de la fievre
nous préfente l'état le plus oppofé à l'atonie , dont
le traitement admet des moyens qui vont à procurer
un état analogue , comme font , par exemple , les
remedes propres à renforcer le tiffu des parties ;
les bains froids ; les frictions faites avec des linges
chargées de fubftances aromatiques & aftringentes ;
tout ce qui peut animer modérément l'organe de
la peau ; les alimens durs , difficiles à digérer , &
qui féjournent long-temps dans l'eftomac ; l'impreffion d'un air froid & fec ; l'ufage intérieur des
aftringens , des toniques , &c. ; enfin tout l'appareil des moyens que comprent la méthode dont
Galien a donné une defcription fi précife , dans le
douzieme livre de fa méthode de guérir , où il dit ,
en parlant des maladies dans lefquelles la foibleffe
ou l'atonie a une dominance vicieufe : *aërem fri-
gidiffimum ægris comparare , eofque ungi un-
guentis adftrictoriis ; nam horum neceffe eft corporis fumma denfare.* C'eft d'après une vue femblable qu'*Hippocrate* , en décrivant une efpece de
fievre ardente qu'il appelloit *caufos* , & dans laquelle toutes les marques de l'atonie fe produifoient
à-peu-près comme dans la fievre diaphorétique
de *Torti* , dit qu'elle obtient fa folution à l'approche du *rigor* , qui n'eft autre chofe qu'un accident
fpafmodique ; *à febre ardente correpto , accedente*

rigore folutio fit. Aph. 58 , *fect.* 4. Ce friffon ,
ou ce *rigor* qui forme la crife de cette fievre ato-
nique , n'eft du tout point comparable à celui qui
précede toutes les évacuations critiques , & qui fe
borne à les annoncer , puifque celui-là peut fur-
venir avec le même avantage dans tous les temps
de la maladie , au lieu que l'autre n'eft jamais auffi
favorable , s'il paroît avant les fignes de la coction ,
dont il concerne feulement les produits (1). *Ideò
per rigorem in cofone quocumque die fiat febris
folutio confequitur , nequaquam verò in aliis febribus , nifi figna præcedant coctionis & in die le-
gitimâ rigor fuperveniat quæ naturæ dominium
fuper materiam morbificam oftendunt, &c.*, Prosper
Martian. pag. 313. C'eft en amenant un femblable *rigor* , que paroiffent convenir les bains
par immerfion , dans les conftitutions foibles , &
qui portent une difpofition prochaine au *rachitis.*
M. *Cullen* obferve que le nombre des enfans rachitiques eft beaucoup diminué en Ecoffe , depuis
qu'on y a introduit l'ufage de ces bains.

Or , la condenfation que *Galien* demandoit ,
pour la cure complette des maladies provenans de
foibleffe ; le *rigor* qu'*Hippocrate* regardoit comme
critique , dans la fievre ardente produite par la
même caufe ; l'état de vigueur & de ton qui fait
l'objet véritable du traitement qu'elle indique ;
tout cela exifte bien dans le premier ftade de la
fievre ; mais tout cela fe diffipe & difparoît au
moment où le fecond commence à s'établir : car

---

(1) C'eft de ce *rigor* dangereux , s'il précede les actes de coction ,
qu'*Hippocrate* difoit : *quibus rigores fextâ die contingunt, difficile
judicium habent. Aph.* 46. Et ailleurs : *fi rigor fuperveniat , febre
non deficiente , lethale* , parce que dans ce cas le *rigor* annonce les
progrès de la maladie , & l'âcreté vive & irritante de la matiere
morbifique.

alors il fe fait une déténte générale qui met le corps dans une fituation analogue à celle où il fe trouve placé, par les maladies même dont nous attribuons ici la caufe à l'affoibliffement radical des forces, & à celui de toute la conftitution.

La fievre, à raifon de fon dernier période, eft donc dangereufe dans ces fortes de maladies ; & pour qu'elle leur devînt utile, il faudroit l'arrêter au moment où fe termine fon premier période, afin d'empêcher l'approche du fecond, & de fixer l'état fpafmodique, qui coexifte avec le froid du premier, & qui, dans les deffeins de la nature, paroît être deftiné à adoucir & corriger l'atonie, par le mélange de fes phénomenes contraires. Il n'y a qu'une de ces fievres décrites par *Chuinchius*, *Etmuller*, *Sylvius* & *Sénac*, dont l'ordre de développement & la fucceffion des périodes étoient intervertis de maniere qu'elles commençoient par l'atonie ou la chaleur, & fe terminoient par le fpafme ou le froid, qui peut procurer prefque fûrement à ces maladies une folution complette & irrévocable. C'eft encore alors que conviendroient ces fievres dont parle *Sénac*, qui, revenant de diftance en diftance, ne faifoient éprouver aux malades, durant chaque accès, qu'un froid vif, fans chaleur fubféquente. Mais non feulement les fievres de cette efpece font extrêmement rares, il eft de plus certain qu'en général la fievre qui s'applique fur un corps débile, difpofe fes périodes de façon que le fecond l'emporte fur le premier, & que l'atonie ou la chaleur, comparée au froid ou au fpafme, foit relativement plus durable & plus difficile à fupporter. C'eft fur des conftitutions ainfi affoiblies que M. *de Sénac* a vu s'établir des fievres intermittentes, dont toute la durée étoit remplie par une chaleur brûlante , fans friffon précurfeur.

Mais ce qui eft encore plus décifif , & ce qui doit fur-tout nous engager à regarder la fievre comme dangereufe , toutes les fois qu'il exifte une débilité radicale dans une ou dans plufieurs parties du corps , c'eft l'effet même que l'obfervation a prouvé qu'elle produifoit dans cette circonftance. *Hippocrate* mettoit la foibleffe au nombre des raifons qui devoient porter un Médecin à s'oppofer aux mouvemens fébriles. M. *de Haën* nous a laiffé plufieurs exemples des fuites funeftes que la fievre peut entraîner, lorfqu'elle attaque des fujets dont les forces font ufées ; ou du moins affoiblies. En lifant avec attention l'hiftoire des épidémies, il eft facile de voir que les perfonnes d'un tempérament foible , ou qui font affectées de maladies dépendantes de cette caufe , paroiffent être les plus expofées au danger des fievres épidémiques qui, chez elles, penchent vers la malignité par une tendance extrêmement rapide , & qu'il eft bien difficile de pouvoir ralentir. MM. *Vagler* & *Roëderer* obfervent que les enfans rachitiques furent les plus maltraités par l'épidémie dont ils donnent la defcription. *Generatim infantes rachitici pejus habuere.* *Sims* a vu , dans le cours total d'une épidémie, des fievres bénignes dès leur début, fe transformer & prendre un caractere pernicieux & malin, à mefure que le malade perdoit de fes forces. On peut fe convaincre en effet que la proftration des forces eft la caufe la plus propre à engendrer les fievres pernicieufes, qui retiennent même quelquefois tous les caractères inféparables de cet état, comme le prouve l'exemple de la fievre que *Torti* appelle diaphorétique , dans laquelle l'atonie fe montre avec tant d'évidence , que, fuivant l'ex-

preffion de *Torti*, le corps femble fe réfoudre &
fe fondre en humidité ; ce qui donne lieu de craindre qu'une fievre bénigne en apparence fe change
& fe transforme en pernicieufe, par la feule circonftance d'attaquer un corps affoibli.

La fievre, confidérée dans l'enfemble de fes
phénomenes, dans leur fucceffion , dans l'ordre
de leur développement, n'a donc rien qui puiffe
rendre utile fon influence fur les maladies dépendantes d'atonie ou de foibleffe ; & fi on lui a vu
produire de bons effets dans quelques-uns de ces
cas , il n'y a que la maniere dont elle étoit excitée
qui doive en rendre raifon ; car ces maladies demandent des moyens d'excitation qui follicitent la
nature à des mouvemens un peu actifs ; & fous
ce rapport elles peuvent recevoir une forte d'utilité
de la part des efforts fébriles , pourvu qu'ils foient
bien ménagés ; qu'ils fe faffent fentir de loin en loin,
& qu'ils fe réveillent à plufieurs reprifes fréquemment répétées, de maniere qu'ils fe prolongent affez
pour ranimer la nature , & non pas pour étouffer
le refte de fes forces. C'eft-là l'effet que produit
cette fievre éphémere dont les Gens de lettres,
affoiblis par les veilles & les travaux littéraires,
font fouvent attaqués pendant la nuit , & qui ,
fuivant MM. *Vagler* & *Roëderer* , les préferve
des maladies chroniques auxquelles les expofent la
délicateffe de leur conftitution, & l'état de gêne, de
contrainte & d'angoiffe dans lequel ils paffent
communément leur vie. Et ce qui prouve bien
que la fievre, pour être avantageufe dans ces maladies , ne doit fe préfenter que fous forme de
mouvemens fébriles détachés , & d'une durée peu
confidérable, c'eft que tous les moyens capables
de la produire ne font efficaces qu'autant qu'ils

s'arrangent de maniere à lui donner ce mode de développement, & à difpofer fes efforts fuivant cet ordre-là. Ainfi l'électricité, à qui nous avons reconnu le pouvoir de diffoudre les fpafmes, lorfqu'elle eft adminiftrée par commotion, corrige bien auffi quelquefois l'atonie, en excitant les forces ; mais alors il faut faire ufage des étincelles électriques, plutôt que des commotions. M. *de Haën*, en prefcrivant l'électricité dans la paralyfie des extrêmités inférieures, qui fuccede fréquemment à la colique de potier, ordonne de n'en ufer qu'avec une grande réferve, & d'infifter fur la répétition, plutôt que fur l'intenfité des étincelles, qui lui paroiffent devoir être préférées aux commotions. M. *Cullen* penfe auffi que les bons effets obtenus par l'ufage de l'électricité, dans la paralyfie, dépendent *plus de fa répétition que de fa force*. M. *de Laroche* obferve que la paralyfie furvenue à la fuite des affections fpafmodiques traitées par les commotions, fe guériffoit par les étincelles feulement ; en forte que le *fpafme fixe, ou la rigidité d'un membre*, comme dit M. *de Laroche*, retire plus davantage des commotions électriques, tandis que pour l'atonie, ou la paralyfie qui lui fuccede, les étincelles méritent la préférence. Or, la fievre, excitée dans le premier cas, eft évidemment plus violente & plus prolongée que celle qui furvient dans le fecond ; & les mouvemens de cette derniere, répétés de diftance en diftance, de loin en loin, & fans fe fixer, agiffent comme moyens d'excitation, & portent tous les caracteres que nous a paru devoir pofféder la fievre, pour être réellement utile, dans les maladies dépendantes d'atonie ou de foibleffe.

Mais la fievre ainfi réduite à fe préfenter fous

la forme que nous préfcrivons, feroit encore nuifible dans ces maladies, fi elle étoit placée à contre-temps ; car M. *Stool* obferve que le tabés peut venir à la fuite d'une fievre très-légere, *febricula*. Le temps où il convient que cette fievre fe développe, pour influer d'une maniere avantageufe fur les maladies dont nous parlons, eft le moment où elles touchent à leur formation, fans qu'elles foient encore parfaitement établies. *Grant* a vu la fievre quarte diffiper un tabés imminent. *Wan-Swieten* parle d'une paralyfie qui, au moment de fa formation, fut arrêtée par un accès de fievre éphémere. M. *Oëtinger* propofe d'inoculer la râche aux enfans, pour éloigner les maladies particulieres à cet âge. Or, c'eft en excitant une fievre légere & peu durable, que l'inoculation de la râche met les enfans fur lefquels on la pratique à l'abri de ces maladies, qui font toutes marquées d'un caractere d'atonie & de foibleffe, dont le fyftême entier des forces porte l'empreinte dominante à cet âge. C'eft dans le même fens qu'il faut entendre ce que le célebre M. *Cottuni* a dit de l'inoculation de la petite vérole, qu'il regarde comme un inftrument de guérifon pour toutes les maladies de l'enfance.

Maladies nerveufes dépendantes d'un défaut d'équilibre, dans la diftribution des forces & des mouvemens.

Si nous voulons nous former une idée jufte des maladies qui fuppofent pour caufe une irrégularité dans la direction que prennent les forces & les mouvemens, il faut concevoir que les humeurs entraînées par la rapidité de ces directions vicieufes, fe portent fur des organes différens de ceux qui font chargés de les recevoir, & pour lefquels elles deviennent des caufes d'irritation capables de troubler l'exercice libre des fonctions qui leur font départies. Nous plaçons donc dans cette claffe toutes les maladies entretenues par l'affluence des humeurs vers telle ou telle partie déterminée, fur laquelle elles n'avoient pas coutume de fe fixer, dans l'état ordinaire. Telles font les fluxions, les rhumatifmes, la manie, &c. &c. La caufe de ces maladies peut fe rapporter au fpafme ou à l'atonie, & plus raifonnablement à ces deux caufes réunies : & c'eft en eftimant la prédominance de l'une ou de l'autre, que l'on pourra juger des dangers & de l'utilité des mouvemens fébriles, par rapport à elles, d'après les principes que nous avons déjà expofés.

Mais outre cela, il n'eft pas douteux que la fievre, en jetant du trouble & du défordre dans toutes les fonctions, puiffe changer, comme par un effort brufque, la diftribution vicieufe des forces, & détourner avantageufement la formation des maladies qui peuvent en réfulter. Mais ces avantages font toujours très-hafardés, par la difficulté de régler fûrement l'iffue de ces défordres, & d'en déterminer l'événement d'une maniere efficace & certaine ; car les dangers dont ces défordres menacent le malade balancent bien au moins les avantages qu'on a droit d'en attendre; en forte que les effets heureux ou malheureux de la fievre demeurent, dans ces cas, équivoques & douteux, comme le confirment les obfervations de tous les Médecins, qui ont vu également de bons & de mauvais effets, dans les maladies que cette claffe renferme : lifez *Hippocrate*, vous verrez qu'il la défire dans certaines maladies de ce genre, & qu'il la redoute dans d'autres analogues, ainfi qu'il eft facile de s'en convaincre par les deux paffages fuivans : *à febre mania vehementior plerumque* (1). Et ailleurs : *fi quis ebrius derepentè voce privetur, convulfus moritur, fi non febris corripuerit.* *Aph.* 5, *fect.* 5. Concluons qu'il eft impoffible d'établir aucune regle certaine fur l'événement que la fievre doit avoir, dans les maladies qui dépendent feulement d'une diftribution vicieufe des forces & de leurs tendances, lefquelles ne doivent pas dès-lors nous occuper davantage, puifque notre objet eft de déterminer avec précifion les maladies pour lef= quelles l'utilité ou les dangers de la fievre fe mon= trent avec évidence, & cela fans laiffer aucune incertitude fur leur iffue. C'eft pourquoi je paffe tout de fuite aux maladies humorales.

Maladies humorales dépendantes d'une dégénération quelconque, de la craffe des humeurs, ou de la fubftance même des organes.

Il n'eft pas tout-à-fait auffi facile d'évaluer la maniere dont la fievre fe comporte, à l'égard des maladies humorales, que d'eftimer fon mode d'in= fluence fur les affections nerveufes, parce qu'il y a une grande différence entre ces divers objets,

(1) Il n'eft pas cependant impoffible que la manie foit foulagée par la fievre. M. *Vigarous*, célebre Profeffeur de Montpellier, la regarde même comme une des maladies les plus fufceptibles de céder complétement aux efforts fébriles, fondé fur plufieurs exemples de guérifons pareilles, que lui a préfenté fa brillante pratique.

qui ne peuvent être comparés fous les mêmes
points de vue ; la fievre en effet ayant une action
fi différente, relativement à l'une & l'autre claſſe,
feroit-il naturel qu'elle eût les mêmes conféquences
pour toutes deux ? Comment ne voit on pas que
les mouvemens fébriles, confidérés en eux-mêmes,
ne préfentent rien d'analogue aux dégénérations
qu'éprouvent les fluides ou les folides, dans les
maladies humorales, & qu'ils ne peuvent dès lors
avoir prife fur elles par aucune de leurs propriétés ? Car des mouvemens, quels qu'ils foient,
de quelque maniere qu'ils s'exécutent, auront toujours une puiſſance bien bornée pour introduire
des qualités nouvelles dans les humeurs ou dans
les organes, & pour changer d'un feul coup la
mixtion intime de leurs principes : c'eſt néanmoins
ce qu'il faut faire, lorſqu'on veut dégager le corps
de toutes les impuretés qui le fouillent, & de toutes
les altérations qui dépravent fa fubftance : c'eſt auſſi
ce que fait la nature, lorſqu'elle entreprend elle-
même ce travail ; & l'Art fe trouve forcé d'imiter,
ou plutôt de foutenir fes procédés, pour établir
les vues d'un traitement méthodique & certain :
la matiere qui forme la caufe réelle des maladies
humorales devant être attaquée dans fon principe,
changée dans toute la profondeur de fon eſſence,
pour que l'on puiſſe la combattre avec fruit, &
la ramener à être ce qu'elle étoit, avant qu'elle
exiftât fous forme maladive.

Cette matiere (les Anciens l'appelloient morbifique, peccante, &c.) eſt due à la difpofition
habituelle du fang & des autres fluides, par laquelle
ils tendent à fe transformer, à fe réfoudre en diverfes humeurs étrangeres au corps, & qui ne
peuvent entrer dans fa compofition intrinfeque,

quoique dans l'état ordinaire elles soient appellées à remplir des usages importans. Telles sont la bile, la sérosité, la lymphe, la mucosité, &c., dont la production se développe sans cesse, & sous l'influence même des mouvemens qui entretiennent la flamme de la vie, comme parloient les Anciens, aux Ouvrages desquels nous devons des vérités du premier ordre.

Toutes ces humeurs sont si naturelles & si familieres au corps, qu'elles ne donnent aucune marque de leur existence, tant qu'elles n'éprouvent point d'augmentation ou de prédominance vicieuse. On conçoit que l'action des organes secrétoires, en recevant ces sucs hétérogenes à mesure qu'ils se produisent, suffit, dans l'état ordinaire, pour en diminuer le superflu nuisible, & pour détourner les dangers qui s'y trouvent attachés. Mais si la formation de ces produits excrémentitiels marche avec trop de vîtesse, de maniere que le sang en soit bientôt chargé d'une quantité surabondante, ou bien si l'action des organes secrétoires s'affoiblit & s'altere au point de ne pouvoir plus emporter ces produits en même proportion qu'ils se forment, il deviendra nécessaire que ces humeurs se ramassent, qu'elles se fortifient & qu'elles se transforment en véritables dégénérations, parce que pour les prévenir & pour dépurer la masse entiere des fluides qu'elles infectent, il faudroit plus de force que les organes secrétoires n'en ont ; en sorte que les maladies attachées à ces dégénérations viennent de l'inégalité qui regne entre leur degré d'intensité & la puissance des organes établis pour en arrêter les progrès.

Mais ce n'est pas tout : le sang est de plus susceptible d'éprouver des altérations dans sa consistance

naturelle, & le degré de concreffibilité qu'il ac-
quiert, devient la caufe évidente des maladies inflammatoires, dont le traitement bien entendu ne
tend qu'à rompre & à diffoudre l'épaiffiffement extrême des fluides qui roulent dans les vaiffeaux
enflammés. Voilà, je crois, ce que l'on peut dire
de plus raifonnable & de plus indépendant des
hypothefes, fur la nature des dégénérations, dans
les maladies humorales.

Les Anciens rangeoient ces maladies fous deux
chefs principaux, dont l'un comprenoit les maladies inflammatoires, & l'autre renfermoit toutes
les maladies putrides ; & ils fubdivifoient ces dernieres en autant d'efpeces différentes qu'il y avoit
d'altérations humorales capables de les entretenir :
or, le nombre de ces altérations étoit fort limité,
fuivant les Anciens, & ils les réduifoient aux dégénérations bilieufes, muqueufes & pituiteufes. On
a voulu finguliérement les multiplier depuis ; & M.
de Bordeu, parmi les modernes, eft un de ceux
qui ont porté le plus loin leur prétention fur cet
objet, en avançant que chaque organe doit fournir,
par fa décompofition continuelle, une athmofphere
de fluides analogues à lui-même, & qui retinffent,
comme il dit, *fon ton & fes allures ;* en forte
qu'il admet autant de dégénérations humorales,
& par conféquent, autant de caufes maladives qu'il
y a d'organes différens dans le corps ; affertion
contraire à l'expérience journaliere, qui prouve
que le nombre des remedes réellement différens
eft très-limité, & que les indications principales
auxquelles fe rapportent toutes celles qu'ils font
deftinés à remplir ne paroiffent pas fort multipliés,
tandis qu'il en feroit bien autrement, fi les cachexies
ou les caufes humorales des maladies étoient, dans

le

le fait , auſſi nombreuſes que l'a prétendu M. *de Bordeu*. *Hippocrate* ne reconnoiſſoit, dans le corps vivant, que trois humeurs nuiſibles & hétéro-genes (1), le ſang, la bile & la pituite ; & il diſoit que toutes les maladies tiroient leur ſource de ces trois cauſes primitives & originelles. *Hi ſunt igitur humores per quos corpus hominis ægrotat ac ſanum eſt ; ſanitate quidem tunc maximè fruitur quandò hi inter ſe moderate affecti fuerint tem-perie , facultate & copiâ , & maximè ſi optimè mixti fuerint ; ægrotat verò vehementer , quoties horum aliquis aut parcior , aut copioſior fuerit , aut etiam à cœteris divortium fecerit in corpore , nequè cum reliquis commixtus fuerit. Lib. de na-turâ hominis.* Mes idées , ſur les maladies humo-rales , s'éloigneront péu de celles qu'*Hippocrate* expoſe dans ce paſſage ; & je ne reſterai pas au-deſſous de mon ſujet , ſi je réuſſis ſeulement à le faire comprendre. Je vais d'abord conſidérer les maladies d'une vue générale , & examiner les in-fluences bonnes ou mauvaiſes de la fievre ſur elles, à raiſon ſeulement des altérations indéterminées qu'elles ſuppoſent, tant qu'elles intéreſſent la craſſe des humeurs ou la ſubſtance des organes , & ſans avoir égard à telles ou telles de ces dégénérations en particulier.

Nous avons déjà dit que toutes les maladies

---

(1) Il paroît cependant , par quelques paſſages des écrits du pere de la Médecine , qu'il admettoit une quatrieme humeur , ſous le nom d'*atrabile* ; *hominis autem corpus in ſe ſanguinem & pituitam & bilem duplicem flavam nempe & nigram continet ; de nat. hom.* Le juſtement célebre M. *Piquer* aſſure qu'*Hippocrate* , par *atrabile* , entendoit un certain état de la pituite, plutôt qu'une humeur parti-culiere qui jouît , comme les trois autres , d'une exiſtence réelle & poſitive. J'embraſſe cette opinion de M. *Piquer* , comme étant la plus conforme , ſoit à la pratique d'*Hippocrate* lui-même , ſoit à celle des Anciens & des Modernes.)

K

placées dans la claffe des humorales reconnoiffent pour caufe une matiere érrangere, hétérogene
nuifible au corps, dans la compofition duquel elle
ne peut entrer, & qui dès-lors a befoin d'être
attaquée dans fa nature intrinfeque, & d'éprouver
le travail de la coction, dont l'effet eft de l'altérer,
de la transformer & de la charger enfin de propriétés qui, au moins en général, la rapprochent
de celles que poffede le corps; & nous avons ajouté,
appuyés fur l'autorité d'Hippocrate, que ce travail
fe faifoit indépendamment de tout effort fébrile,
& par des moyens qui ne font pas de nature à être
faifis & connus par la foibleffe de notre intelligence.
Voy. 1re. part., pag. 12 & fuiv. Il y a en effet
bien des maladies chroniques dans lefquelles ce
travail s'exécute, quoiqu'elles ne s'accompagnent
d'aucun figne fenfible de fievre : *in his qui jam
ægrotant, fi diuturnus futurus eft morbus expec-
tanda femper erit concoctio.* Il y en a d'autres dont
les accès débutent par un mouvement de fievre
qui s'éteint à l'inftant précis où l'acte de la coction
commence à s'établir : ainfi un accès de goutte
eft toujours précédé d'une petite fievre éphémere ;
mais cette fievre ne dure pas, & elle difparoît
pendant le fort de la douleur, qui eft le véritable
inftrument dont la nature fe fert pour opérer la
coction, c'eft-à-dire, pour transformer, pour altérer la matiere goutteufe, qu'elle détruit & di-
gere, fuivant l'expreffion de *Sydenham.*

Ces obfervations fuffiroient feules pour démontrer
que le travail de la coction ne peut fe déduire avec
facilité des phénomenes particuliers à la fievre,
dont le pouvoir ne s'étend pas jufqu'à cet acte là,
puifqu'il a lieu dans des cas où la fievre eft abfolument nulle, tandis que d'un autre côté il refufe

2°. Les effets que produit la fievre font tous à-peu près les mêmes, & ils ne different les uns des autres qu'en ce qu'ils fe développent avec plus quelquefois de fe développer, lorfque les mouvemens fébriles fe font fentir avec le plus d'intenfité. Mais afin de mettre cette affertion dans toute fon évidence, nous allons rapporter quelques-unes des raifons majeures qui nous forcent d'y acquiefcer.

1°. En examinant fans préjugés l'opinion de ceux qui prennent la fievre pour la caufe immédiate de la coction, & qui veulent que les efforts fébriles introduifent peu-à-peu dans les humeurs viciées, dont la maladie dépend, un état de bénignité analogue à celui qu'elles ont perdues, & au moyen duquel elles reviennent enfin à leur état naturel, il eft facile d'appercevoir au premier abord combien cette opinion porte fur des principes verfatiles & vains, puifque l'on a tenté d'appliquer & de faire plier les conféquences qui en réfultent à des hypothefes tout-à-fait oppofées, en attribuant à la fievre des effets abfolument contradictoires, felon que ces hypothefes mettoient de différence & de contrafte entre les caufes maladives qu'elles fuppofoient. Ainfi donc celui qui regardoit, avec *Sthaal & Boerrhaave*, l'épaiffiffement des humeurs comme la caufe la plus commune des maladies, devoit reconnoître dans la fievre la propriété d'atténuer & de divifer les fluides; celui pour qui la diffolution du fang étoit la fource générale des maladies, ne voyoit dans la fievre qu'un moyen d'épaiffir le fang & d'augmenter fa confiftance. Or, tout le monde fent combien il eft abfurde d'attendre de la fievre des effets fi contradictoires, & combien il faut nous défier des principes qui menent à des conféquences d'une contrariété fi manifefte.

ou moins d'énergie & d'intensité , sans que ces différences , relatives à de simples modifications , apportent aucun changement à l'essence ou à la nature de ces effets ; mais les altérations humorales qui constituent les causes des maladies ne présentent pas, à beaucoup près, la même uniformité , & les caracteres qui les différencient ne nous permettent pas de les confondre. Il faut donc que chacune soit élaborée à sa maniere, qu'elle soit soumise à un travail particulier, & qu'elle éprouve enfin une sorte de coction qui ne convienne qu'à elle. Il faut donc que la nature emploie autant de procédés différens qu'il y a de causes maladives différentes sur lesquelles cette coction doit s'exercer ; & s'il est vrai que ce soit la fievre qui réussisse à transformer & à corriger ces causes, il est clair que les effets ou les résultats de son action doivent se mettre en rapport avec la nature de ces causes, & qu'ils sont dès lors nécessités à se proportionner aux variétés nombreuses qui les distinguent & les séparent : or, cette conséquence se trouve démentie par le fait ; car la fievre, telle qu'on l'entend communément, n'a sur le corps qu'un seul & même mode d'action , & elle ne décide que des effets à peu près semblables. Cependant les produits de la coction portent, dans chaque espece de dégénération humorale, des traits de différence essentiels & tranchans, dont la fievre ne peut dès-lors rendre aucune raison satisfaisante (1).

3°. Il n'y a point de liaison nécessaire , point de rapport déterminé, point de correspondance bien établie entre les progrès de la fievre & ceux

_____

(1) Je me suis servi d'un argument semblable , pour prouver que la digestion ne s'opere point d'une maniere exclusive & rigoureuse, par l'action des sucs gastriques, dans un Mémoire lu à la Société royale des Sciences de Montpellier.

de la coction ; en forte qu'il n'eft pas rare de voir
ces deux phénomenes marcher en fens contraire ,
& felon les loix d'une progreffion décroiffante.
La coction , dans les maladies inflammatoires , fe
fait d'une maniere moins rigoureufe & moins manifefte que dans les maladies muqueufes , quoique
la fievre dont s'accompagnent les unes , comparée
à celle dont s'accompagnent les autres , l'emporte
évidemment en force & en vigueur. La coction
de la même caufe morbifique s'acheve en moins
de temps , & d'une maniere plus pleine & plus
complette , lorfqu'elle fe dépofe fur un organe
particulier , pour y établir le fiege d'une affection
locale , que lorfqu'elle donne lieu à une maladie
générale , & intéreffant la maffe entiere des fluides.
Cependant la fievre fe développe avec moins d'é-
nergie, fe foutient plus long temps au même degré
de foibleffe , & s'avance vers fa terminaifon par
un progrès plus ralenti , dans le premier cas , que
dans le fecond. Enfin , fi nous comparons entr'eux
les temps divers d'une même maladie , nous verrons
que le période de crudité, eft plus précifément qu'aucun autre marqué pour les efforts de la fievre ,
& qu'il femble contenir le point de fa plus grande
intenfité ; c'eft néanmoins alors que la caufe maladive eft plus éloignée que jamais de la coction ,
qui commence à entrer en acte au moment où il
fe fait une diminution fenfible de fievre.

(4°. Si la fievre étoit la caufe néceffaire de la
coction , elle ne pourroit donc exifter que pour la
produire , & il y auroit coction par-tout où fe
rencontre la fievre. Cependant, quel eft le Praticien qui n'a pas eu occafion de voir des fievres
exemptes de coction & d'évacuations critiques ?
Hippocrate le premier , en a décrit plufieurs qui

se terminoient sans crise apparente , & par conséquent sans coction , celle ci devant toujours précéder la crise : *fuerunt quibus nullâ observatâ ju-
dicatione desinerent. Epid. liv.* 1. Sydenham a
fait la même observation , & il explique ce défaut
d'évacuation , cet avortement de crise , en disant
que la nature fait subir à la cause morbifique une
assimilation pleine & entiere qui l'identifie complétement avec la substance du corps. Dira-t-on
que cela s'opere par l'intermede de la fievre ?
*Dantur quædam febrium species , quas natura
methodo sibi peculiari, sine visibili aliquâ evacua-
tione , ablegat , reducendo scilicet in sanguinis
massam , eique adssimilando materiam illam morbificam, quæcum eodem minùs quadrabat. Sydenh.
Opp. sect. 5 , cap. 2 , pag. 226.)*

5°. Il appartient si peu aux mouvemens fébriles
de corriger les dégénérations humorales , & de
ramener les humeurs à leur état naturel, qu'il y a
des Médecins qui ont cru que la fievre au contraire
tendoit à les altérer & à les pervertir diversement ;
en sorte que ces dégénérations ont été mises par
quelques-uns sur le compte de la fievre , tandis
que d'autres plaçoient le moyen assuré de les détruire au nombre de ses phénomenes ordinaires.

Mais quoique la coction ne soit pas sous la dépendance rigoureuse des actes fébriles , il faut
reconnoître cependant avec les bons Médecins ,
que la fievre & la coction forment deux phénomenes
qui co-existent , & qui se suivent de près ; de sorte
que la fievre prélude presque toujours à la coction,
qui n'arrive ordinairement qu'après un certain nombre de révolutions fébriles. Ainsi pour bien juger de
l'utilité de la fievre , par rapport à une maladie
humorale quelconque , il faut diviser toute sa durée

en trois périodes diſtinéts , comme on a coutume de
le faire dans l'Ecole. Le premier période s'étend
depuis le début de la maladie juſqu'au temps où
ſes ſymptômes éprouvent un adouciſſement ſenſible;
& c'eſt le période de crudité. *Eo ipſo crudi fiunt
humores quo à naturá evicti & elaborati non ſunt.*
Le ſecond eſt rempli par le travail de la coction ,
& il finit , dès qu'il paroît , des ſignes manifeſtes
de criſe , dont l'établiſſement & la durée forment
le troiſieme & le dernier ſtade. La fievre fait
partie des phénomenes conſtitutifs du période
de crudité , & toutes les vues du traitement ſe
réduiſent alors à la ſoutenir , comme un acte
avantageux & ſalutaire , dont il ſeroit dangereux
de troubler le développement. La coction n'étant
pas ſous la dépendance de la fievre , elle ne peut
avoir une utilité directe , par rapport à l'intervalle
qu'elle comprend ; il eſt même à craindre qu'elle
nuiſe , en gênant & détournant la nature , qui
doit s'occuper uniquement de ce travail. *Hippocrate*
diſoit en général qu'à cette époque le Médecin
devoit bien ſe garder de mouvoir le corps par des
médicamens , ou par des moyens d'irritation quelconques. *Quæ judicantur & quæ judicata ſunt
integrè neque movere opportet , neque novare ,
neque medicamentis , neque aliis irritamentis ,
ſed ſinere. Aph.* 20 , *ſect.* 1. Enfin , la criſe n'indique rien par elle-même , & l'influence de la
fievre ſur ce moment-là doit être fort différente ,
ſelon la maniere dont la nature arrange & diſpoſe
ſes efforts critiques ; car chaque eſpece de maladie
ſe termine par une criſe propre , & ſpécialement
différente de toutes celles qui ont lieu dans les
autres; ce qui empêche que les mouvemens fébriles
puiſſent donner les mêmes réſultats dans toutes les

circonſtances de criſe , puiſqu'il ſeroit difficile de
citer deux de ces circonſtances qui ſe reſſemblaſſent
parfaitement. Il n'y a donc qu'un examen détaillé
de chaque dégénération en particulier , & ſur-tout
de la ſolution naturelle qu'elle affecte , qui puiſſe
nous éclairer ſur ce point.

Maladies chroniques inflammatoires.

Quelque rapide que ſoit la marche ordinaire des
affections inflammatoires , & quelque tendance
qu'elles aient à ſe préſenter ſous une forme aiguë ,
il n'eſt pas poſſible de ſe refuſer à admettre des
maladies réellement inflammatoires qui procedent
d'une maniere lente & chronique. En traitant des
rapports par leſquels les maladies aiguës ſe confondent avec les maladies chroniques du même
genre , nous avons fait voir qu'une même inflammation aiguë pouvoit ſe transformer en chronique
ſans changer de nature , & ſans indiquer une méthode curative différente de celle qu'elle demandoit
dans l'état précédent. *Morton* décrit avec aſſez
d'étendue une phthiſie inflammatoire qui attaque
communément les jeunes gens qui ont le teint fleuri,
les yeux étincellans , les omoplates ſaillantes , les
vaiſſeaux fort développés , & qui font un abus de
liqueurs ſpiritueuſes & échauffantes. Nous avons
cités pluſieurs faits d'hydropiſies inflammatoires ,
& M. *Stool* obſerve qu'elles ne ſe rencontrent que
chez les perſonnes vigoureuſes qui ſont au printemps de l'âge , & qui ſe nourriſſent avec profu-
ſion d'alimens très-ſucculens , ſur tout ſi ces perſonnes ſont ſubitement privées d'une évacuation
habituelle de ſang. *Stool* remarque auſſi que les phthi-
ſies des jeunes gens ſont pour l'ordinaire inflamma-

toires , & reconnoiſſent pour cauſe une inflammation leate du poumon. M. *Medicus* a vu des hydropiſies dont la guériſon ne pouvoit s'opérer que
par les ſaignées répétées , les boiſſons émollientes ,
le régime affoibliſſant , les remedes capables de
rafraîchir , & tous les moyens anti-phlogiſtiques.
M. *Zimmerman* a bien reconnu que la dyſſenterie
pouvoit dépendre de toutes les dégénérations humorales poſſibles : & après la belle diſſertation de
M. *Stool* , il n'eſt plus permis de douter qu'elle ſoit
ſuſceptible de ſe compliquer avec toutes les eſpeces
de fievres , & qu'elle puiſſe reconnoître pour ſa
cauſe une dyathéſe inflammatoire. *Cullen* a vu des
mouvemens épileptiques décider une véritable inflammation des humeurs qui étoit aſſujettie , comme l'épilepſie , à ſuivre une marche périodique &
lente. M. *de Sauvages* , dans le premier volume
de ſa Noſologie méthodique , dit avoir obſervé
des pleuréſies dont les malades n'éprouvoient les
ſymptômes qu'à repriſes alternatives , & qui ne
demandoient pas à être traitées autrement que les
fievres intermittentes ordinaires. M. *de Haën* a vu
une fievre d'accès qui ſe compliqua d'une colique
inflammatoire , laquelle ſuivit pendant long temps
le même ordre de révolutions , & ne ſe termina
qu'à la même époque. M. *Sarcone* a donné la deſcription d'une épidémie de fievre rhumatique qui
portoit quelquefois ſur le poumon , & décidoit
des péripneumonies , dont la concurrence augmentoit les dangers de la fievre, & lui imprimoit même
une certaine tendance à dégénérer en continue , ſi on
ne l'attaquoit promptement par les ſaignées & les
anti-phlogiſtiques , juſqu'à ce que le temps de
donner le kina fût venu , pour arrêter la périodicité de la péripneumonie & de la fievre. M. *Storck*

a auſſi décrit bien des fievres intermittentes qui, loin d'être foulagées par le kina, s'aggravent au contraire, ſi l'on n'avoit foin d'en faire précéder l'ufage par les émolliens, les expectorans, & tous les remedes convenables dans les maladies inflammatoires. Toutes ces obſervations, en prouvant que le génie inflammatoire peut avoir des intervalles d'exacerbations & de repos, ne laiſſent aucun louche ſur la poſſibilité où il eſt de prendre quelquefois l'apparence & les allures des états les plus décidément chroniques.

Ces faits, joints à ceux que nous avons raſſemblés ailleurs, prouvent donc victorieuſement qu'il exiſte des maladies chroniques inflammatoires, & pour leſquelles il faut déterminer l'utilité ou les dangers de la fievre. Or, nous pouvons, je crois, avancer comme une vérité qu'il nous fera facile de démontrer, que la fievre s'oppoſe toujours à la guériſon de ces maladies, dont la cauſe eſt augmentée & renforcée par elle.

La fievre en effet tend d'elle-même à porter l'inflammation dans les humeurs, en procurant la pléthôre, qui eſt la nuance par laquelle la nature paſſe, pour aller de la ſanté à l'état inflammatoire : auſſi n'y a-t il rien de plus ordinaire que de voir la fievre éphémere ſimple, qui peut être regardée comme la fievre élémentaire & prototype, dégénérer en fievre inflammatoire, lorſqu'elle ſe prolonge un peu trop, & que l'on n'a pas foin de l'attaquer convenablement dans ſon principe.

Toutes les circonſtances qui paroiſſent concourir à la génération d'une maladie inflammatoire, ſont en même temps celles qui ſemblent avoir le plus d'effet pour augmenter & renforcer l'énergie & la

vigueur du corps qui les éprouve : car c'eſt ſur-tout
à l'époque de la jeuneſſe, à la fin de l'hiver ou
au commencement du printemps, ſous une conſtitution froide & ſeche, ſur des perſonnes d'un tempérament ſanguin & robuſte, après un uſage long-
temps continué de boiſſons échauffantes & d'alimens ſucculens, que ces affections ont coûtume
de s'établir; ce qui faiſoit dire à *Galien* qu'elles
attaquoient rarement des ſujets foibles & délicats.
In gracili & debili corpore rarò conſiſtere poteſt.
Meth. medendi.

Le caractere des maladies inflammatoires tient
donc à ce ſurcroît de force & d'énergie qui ſollicite toutes les fonctions vitales à ſe déployer avec
plus d'intenſité & de vigueur, comme le prouve
d'ailleurs l'enſemble de ſymptômes qui les accompagne : or, la fievre eſt une des choſes qui vont
le plus à fortifier cette activité vicieuſe, & à rendre
par conſéquent l'effet des cauſes qui la décident
plus intenſe & plus marqué.

Les obſervations de MM. *Bonnet* & *Ludwigh*
ont démontré que la cauſe des maladies inflammatoires affecte principalement le ſyſtême artériel,
tandis que celle des affections bilieuſes intéreſſe plus
ſpécialement le ſyſtême veineux. Et en effet, il eſt
aſſez ordinaire aux maladies inflammatoires d'établir leur ſiege ſur les viſceres de la poitrine qui,
à bien des égards, pourroient être regardés comme
formant un centre auquel ſe rapportent toutes les
parties du ſyſtême artériel (1). Ces maladies ſont

((1) Cette idée a été ſuivie avec beaucoup de fruit par mon bon ami
M. *Richard de Lavergne*, qui en a tiré le plus grand parti, pour
découvrir la raiſon finale de la tendance des humeurs ſur le poumon
& ſur la peau, affectée à la jeuneſſe & au tempérament ſanguin.
Voy. ſon Eſſai ſur la vie, qui contient des vues neuves & belles,
touchant la raiſon finale des changemens qu'éprouve la direction des
forces, par la révolution des âges.)

de plus fujettes à attaquer les jeunes gens , par
préférence aux enfans , & les perfonnes d'un tempérament fanguin & robufte , préférablement à
celles qui font foibles & délicates. Or, l'action
par laquelle s'annonce la puberté femble avoir une
influence manifefte fur le cœur & les vaiffeaux
artériels, qui augmentent de capacité & de volume à cette époque. M. *Cullen* a bien reconnu
que les arteres , pendant la jeuneffe , font dans un
état de pléthôre relatif, qui diminue & fe diffipe
même complétement , à mefure qu'on avance en
âge. MM. *Clifton* , *Scheldon* , *Winthringam* &
d'autres Anatomiftes Anglois , ont conftaté par des
expériences intéreffantes , que les arteres font plus
confidérables & plus développés dans la jeuneffe
que dans tout autre temps de la vie. Tous les
Praticiens ont eu occafion de voir qu'à cet âge les
flux de fang fe font par les extrêmités artérielles ,
tandis qu'à un âge plus avancé ils ont lieu par les
extrêmités veineufes. On pourroit prouver, à l'aide
des diffections anatomiques , que les arteres des
perfonnes mortes à la fleur de l'âge reftent plus
long-temps gorgées de fang, & ne fe vuident que
lentement.

Cette prédominance manifefte des vaiffeaux artériels , que nous venons de remarquer dans la
jeuneffe , exifte auffi dans les tempéramens fanguins , qui font éminemment fujets aux affections
inflammatoires ; en forte qu'en général il eft vrai
de dire que la circonftance qui difpofe le plus à
ces maladies eft d'avoir les arteres larges , bien développées , d'une denfité & d'un diametre confidérable. Voilà pourquoi l'artériotomie paroît avoir,
comme l'ont obfervé MM. *Sims* & *Glas* , plus
d'effet dans les affections inflammatoires, que n'en

a la faignée pratiquée fur la veine ; d'où il fuit
que le fyftême des vaiffeaux artériels fe trouve finguliérement expofé à recevoir leur impreffion, aux
effets de laquelle il feroit dès-lors ridicule de vouloir oppofer la fievre qui, comme nous l'avons déjà
dit, a une action évidente fur ce fyftême d'organe.

Mais ce qui confirme fur-tout les dangers de la
fievre, confidérée dans fes rapports avec les affections inflammatoires, c'eft la nature des moyens
dont l'Art fait ufage pour les combattre, & par
lefquels il réuffit le plus fouvent à les détruire ;
moyens qui tendent directement à diminuer & à
énerver les forces, & dont le fuccès paroît être
d'autant plus certain, qu'ils arrêtent les mouvemens fébriles avec plus de promptitude & de fû-
reté. C'eft ce que produifent les faignées fréquemment répétées, les délayans, les énervans, les
fubftances rafraîchiffantes & émollientes ; une
diete févere jointe à un régime végétal, & tous
les fecours, foit diététiques, foit curatifs, que
l'on a coutume de placer dans le période de crudité ; & quant à ce qui concerne le temps de la
coction, il fe dérobe aux influences de la fievre,
comme dans toutes les maladies humorales, &
il eft affranchi du pouvoir que les mouvemens
febriles peuvent exercer fur les autres temps d'une
maladie, pour la changer & la modifier en bien
ou en mal.

La terminaifon d'une affection inflammatoire,
fur-tout fi elle eft circonfcrite & locale, fe fait de
différentes manieres ; & dans le nombre de ces fo-
lutions diverfes, il n'y a gueres que celle par
fquirre qui puiffe trouver quelqu'avantage dans
la fievre ; car elle prend prefque toujours un caractere de lenteur & de malignité qui l'amene bientôt

à l'état de fievre hectique, lorfqu'elle furvient après
l'établiffement de la fuppuration, comme nous
aurons occafion de le voir, en parlant de la purulence des humeurs.

Maladies muqueufes, lymphatiques, pituiteufes, chroniques.

Le progrès foible, incertain & ralenti des
maladies acquifes par les vices de la mucofité, ou
de la lymphe, annonce affez qu'elles demeurent
fréquemment af, fervies à la timide contrainte d'une
marche chronique. Auffi n'y a t-il point de Praticien qui n ait donné à bien des maladies le nom
de muqueufes ou lymphatiques, comme on parle
dans la plupart des Confultations.

Si nous raffemblons toutes les circonftances qui
concourent à l'établiffement des maladies muqueufes, nous verrons qu'elles tendent toutes à introduire un affoibliffement confidérable dans le fyftême des forces; en forte que ces affections s'accompagnent le plus fouvent de tous les fymptômes
de l'atonie, comme il eft facile de s'en convaincre
par les hiftoires détaillées que les Auteurs nous en
ont données. On voit en effet qu'elles font fur-tout
communes chez les enfans, les femmes & les
perfonnes graffes, dont la conftitution, analogue
à celle des enfans, porte tous les caracteres de la
foibleffe affectée à ce premier période de la vie
humaine. On voit qu'elles fe manifeftent fouvent pendant l'hiver & l'automne, fous une conftitution de
l'air froide & humide; après l'ufage long temps foutenu d'un régime affoibliffant & énervant, &c.
Or, dans toutes ces circonftances les forces éprouvent un affoibliffement relatif, & toutes les parties

du corps tombent dans une inertie profonde , dont
on ne peut les retirer qu'à force de faire agir fur
elles les moyens d'irritation les plus puiffans ; &
comme tous ceux qui ont pour objet de décider
la fievre tendent auffi à produire une excitation
des forces plus ou moins fenfible , il eft clair que
l'emploi de ces moyens eft indiqué dans ce cas ,
& que fous ce rapport la fievre peut être d'une
application avantageufe.

Maintenant fi nous rapprochons la defcription
que nous avons faite précédemment des maladies
inflammatoires , de celle que nous venons de donner des maladies muqueufes ou lymphatiques , il
nous fera facile de remarquer l'oppofition qui regne
entre les unes & les autres , & de faifir les caracteres par lefquels elles different & contraftent vifiblement, puifque l'effence des maladies inflammatoires confifte dans une augmentation de force & de
ton , tandis que celui des affections muqueufes eft déterminé par un état contraire d'atonie ou de foibleffe. Dès-lors il eft probable que la fievre doit
convenir dans les fecondes , par les mêmes raifons
qui la rendent pernicieufe dans les premieres ; &
en effet il exifte une oppofition fi réelle entre les
affections muqueufes & les affections inflammatoires , qu'elles font fujettes à fe fuccéder & à fe
remplacer mutuellement ; de maniere qu'une maladie d'abord muqueufe , s'efface & s'éclipfe
quelquefois fous la dominance d'une affection inflammatoire qui lui fuccede , dans le développement réglé de la maladie totale. Il eft facile d'appercevoir cet ordre de fucceffion dans l'hiftoire de l'é-
pidémie muqueufe , décrite par MM. *Vagler* &
Roëderer , & déjà citée plufieurs fois dans ce
Mémoire ; auffi ces Auteurs remarquent-ils que le

mode inflammatoire, s'établit quelquefois aux dépens de maladies plus réfractaires, qu'il diffipe & qu'il remplace d'une maniere vraiment critique. La fievre qui tend à faire paffer dans les humeurs un caractere inflammatoire foiblement ébauché, préfente donc en général un moyen capable de faciliter la folution des maladies muqueufes, dont la guérifon complette eft quelquefois opérée par une fievre qui introduit dans les humeurs un état de phlogofe bien décidé.

C'eft d'après des confidérations pareilles que nous devrions examiner les influences bonnes ou mauvaifes de telle ou telle efpece de fievre fur certaines claffes de maladies chroniques; mais cet objet ouvriroit à nos recherches un champ trop vafte, auquel nos forces ne pourroient fuffire (1).

Ce n'eft pas fans raifon, & fans utilité pour la pratique, qu'un favant Profeffeur de Montpellier nous enfeignoit que la dégénération muqueufe a une grande tendance à fe porter fur le tiffu cellulaire, les glandes & les vaiffeaux lymphatiques, qu'il regardoit, d'après les découvertes des Anatomiftes Anglois, comme ne conftituant qu'un feul

_____

(1) J'avois d'abord adopté ce plan vafte, fans confulter mes forces; mais je me fuis apperçu qu'il fourniroit feul le fujet d'un ouvrage de longue haleine. Il femble cependant qu'il nous meneroit à des conféquences utiles pour la pratique; & par exemple, s'il étoit bien prouvé que telle efpece de fievre fût critique par rapport à certaines maladies très-réfractaires, ne pourroit-on pas *inoculer*, pour ainfi dire, cette efpece de fievre, en envoyant les malades dans un pays où elle régneroit épidémiquement? Ne pourroit-on pas expofer les perfonnes attaquées de maladies chroniques incurables jufqu'alors, à l'influence d'une épidémie, dont le génie & le traitement feroient bien connus, &c. &c. Du refte, ce font-là des idées dont rien ne confirme encore la valeur; & je ferois bien fâché qu'on voulût les prendre pour autre chofe que des conjectures de l'efprit, j'ai prefque dit, des illufions d'un cœur fenfible, à qui fon zele rend tout défirable & facile.

&

& même fystême d'organes. Ce n'eft point pour
étayer de vaines hypothefes , mais pour éclaircir
la thérapeutique de ces maladies, qu'il nous rapportoit , avec fa précifion ordinaire, l'enfemble
de faits pathologiques néceffaire, finon pour donner à cette vérité une évidence qui produisît immédiatement la conviction , du moins pour la
rendre fenfible au point de la faire tourner
à l'utilité de ceux qui voudroient en profiter, dans
la pratique. En nous laiffant conduire par la force
des faits , & en les examinant dans un abandon
abfolu des préjugés , nous trouverons que les circonftances qui contribuent à précipiter la dégénération muqueufe font en même temps celles qui
favorifent le développement des glandes & des
vaiffeaux lymphatiques. Ainfi pour nous attacher
à une de ces circonftances principales, on fait
que les glandes entrent particuliérement en action
dans le premier âge de la vie , pour lequel les maladies muqueufes font très-fréquentes. Le volume
des glandes eft en effet relativement plus confidérable à cet âge, qu'il ne l'eft dans les âges fuivans.
Leur tiffu eft plus épanoui , plus développé , & il
contient une grande quantité d'humeur muqueufe.
Ce volume diminue par la progreffion de l'âge ,
au point que plufieurs glandes qui étoient très-
fenfibles dans l'enfance , s'effacent & difparoiffent
totalement à un âge plus avancé. Le tiffu cellulaire
fuit les mêmes révolutions que les glandes , &
l'épanouiffement confidérable qu'il éprouve dans
l'enfance eft la caufe des congeftions abondantes
qui s'y forment fréquemment.

Les obfervations de MM. *Monro , Guillaume
Hunter , Heufon , Scheeldon ,* Anatomiftes Anglois,
ont démontré que les vaiffeaux lymphatiques ap-

L

partiennent au tiſſu cellulaire, dont ils partent ,
par de très-petites ramifications, & qu'ils prennent
naiſſance à la ſurface du corps, d'où ils ſe pro-
pagent en remontant, pour aller ſe réunir & ſe
terminer dans les glandes les plus voiſines de leur
origine. Or, ces vaiſſeaux ſont plus développés
dans le premier période de la vie, & leur diametre
diminue à meſure que l'âge avance, comme l'avoit
bien vu le célebre *Rhuiſc*, qui croyoit même que
les vaiſſeaux laĉtés s'effaçoient complétement dans
la vieilleſſe.

· (Mais ce qui prouve bien, & la correſpondance
étroite qui exiſte entre ces trois ordres d'organes,
& l'extrême diſpoſition que chacun d'eux paroît
avoir à s'approprier les produits de la dégénération
muqueuſe & à participer dès-lors aux maladies
dépendantes de cette dégénération, c'eſt l'identité
des humeurs qu'ils contiennent, leſquelles ſe reſ-
ſemblent par des propriétés communes à toutes les ſubſtances muqueuſes, dont elles appro-
chent plus ou moins. La graiſſe qui abonde en
mucoſité, ſe ſépare dans le tiſſu cellulaire ; le
chyle qui fournit immédiatement au ſang ſa partie
lymphatique ou muqueuſe , eſt porté dans les
grandes voies de la circulation, par le moyen de
petits vaiſſeaux laĉtés ; & le lait, qui a tant d'analogie avec lui, ne parvient aux mamelles qu'en
traverſant des vaiſſeaux du même calibre & du
même genre (1). On ſait que les glandes reçoivent
un liquide oleaginograiſſeux, dont le fond ou le

─────────────

(1) Il arrive quelquefois que ces vaiſſeaux, au lieu de rendre le lait
aux mamelles, le portent dans les glandes voiſines. M. *Aſſalini* fils
aſſure avoir trouvé du lait dans les glandes axillaires. Voy. un Eſſai
ſur les vaiſſeaux lymphatiques, pag. 118.

principe conſtitutif eſt encore pris du mucus ani-
mal, ſur la génération duquel MM. *de Bordeu*
& *Fouquet* ont écrit les choſes les plus intéreſſantes.
Enfin, il n'eſt pas rare de trouver ſur les vaiſſeaux
lymphatiques des concrétions qui laiſſent échapper
une quantité conſidérable d'humeur muqueuſe,
lorſqu'on vient à les ouvrir ; & cela arrive ſur tout
aux nouvelles accouchées qui ſont attaquées de la
maladie que M. *Levret* appelle *engorgemens lai-
teux dans le baſſin & dans les extrémités inférieures.* M. *Whitte* a vu les glandes engorgées
& durcies à la ſuite du même accident, dont il
attribue la cauſe à la lymphe épanchée, & retenue
dans le tiſſu cellulaire, qui enveloppe toutes ces
parties.)

Autoriſés par ces obſervations ſeules, il nous
ſeroit permis de conclure que l'action des glandes,
du tiſſu cellulaire & des vaiſſeaux lymphatiques,
ſe trouve ſouvent en concurrence avec l'établiſſement de la dégénération muqueuſe ; & nous pourrions nous en tenir là, ſi l'hiſtoire des maladies qui
en dérivent ne le prouvoit encore plus directement.
On peut s'aſſurer en effet, par cette hiſtoire, que
ces différens organes ſont les plus fréquemment
intéreſſés par elles, & que c'eſt ſur eux, ou du
moins dans leur voiſinage, qu'elles exercent leurs
phénomenes principaux. La fievre lente nerveuſe
d'*Huxham*, qui eſt une fievre muqueuſe par excellence, ſe termine très-ſouvent par la ſuppuration
des parotydes : les écrouelles, qui ſe guériſſent
par tous les remedes appropriés contre les affections muqueuſes, appartiennent ſpécialement aux
glandes : la maladie vénérienne, qui peut être
regardée à bien des égards comme une affection
muqueuſe, ſe porte principalement ſur les glandes

& le tiſſu cellulaire. Voilà pourquoi le mercure, adminiſtré ſous. forme de frictions, a plus d'effet dans ces maladies, que lorſqu'il eſt pris intérieurement : voilà pourquoi M. *Svediaur* recommande, dans la cure des bubons vénériens, d'appliquer les frictions ſur les extrêmités inférieures, ſuivant la direction des vaiſſeaux lymphatiques.

Les maladies muqueuſes ſont tellement diſpoſées à intéreſſer les glandes, qu'il n'eſt pas rare de voir leur effet ſe tranſmettre aux glandes ſituées dans le voiſinage des parties qui leur ſervent de ſiege. Ainſi on a vu des congeſtions pituiteuſes dans les extrêmités inférieures accompagnées de l'obſtruction des glandes inguinales : on a vu des hydropiſies de poitrine décidées par le ſquirre du thimus ; des hydropiſies du bas-ventre ſuivies du ſquirre des glandes du meſentere. *Huxam* a obſervé une affection pituiteuſe gaſtrique qui ſe termina par des obſtructions rebelles dans les glandes.

Maintenant ſi nous faiſons attention que ceux chez qui les glandes, le tiſſu celullaire & les vaiſſeaux lymphatiques jouiſſent d'une prédominance ſenſible, ont les arteres peu développées, ſupportent difficilement la ſaignée, & ne ſont preſque jamais attaqués de maladies inflammatoires, nous ferons tentés de croire que le ſyſtême artériel contrebalance & diminue l'action du ſyſtême formé par le tiſſu cellulaire, les glandes & les vaiſſeaux lymphatiques ; que ces deux appareils d'organes ſe développent ſuivant les loix d'une proportion inverſe, & que les circonſtances qui augmentent l'énergie de l'un, ſont auſſi les plus propres à affoiblir l'autre(1). Et en effet, l'influence de la pu-

(1) Ce n'eſt pas ici le lieu de raſſembler toutes les raiſons qui prouvent l'oppoſition de ces deux ſyſtêmes, dont mon intime ami,

berté, en faisant prédominer l'action du syſtême
artériel, efface peu à peu celui des glandes du
tiſſu cellulaire & des vaiſſeaux lymphatiques qui
s'y rapportent, en ſorte que les droits de ce dernier reſtent comme détruits, ou du moins ſenſiblement limités, par le ſurcroît d'empire & de
puiſſance dont ſe charge le premier, au moment
où cette importante révolution s'acheve.

(Ce caractere de prédominance & de vigueur,
que l'époque de la jeuneſſe imprime donc au ſyſtême des vaiſſeaux artériels, ſe manifeſte ſur-tout
par les changemens qu'éprouve le corps, & par
les ſignes apparens qui accompagnent ſon nouvel
état. C'eſt alors que les vaiſſeaux prennent une
extenſion conſidérable ; qu'ils augmentent de diametre ; qu'ils ſe montrent mieux à découvert,
en préſentant un plus gros volume, ainſi qu'une
forme plus dure, plus compacte, & plus fortement prononcée. C'eſt alors que la couleur de
toutes les parties ſolides s'avive, & annonce par
ſon éclat la ſurabondance de la portion rouge du
ſang, & celle des vaiſſeaux artériels, qui en eſt
une conſéquence : c'eſt alors que la plénitude &
la dureté du pouls commencent à l'emporter habituellement ſur la molleſſe, & que ſes mouvemens
deviennent plus rapides & plus précipités. Les
tempéramens ſanguins préſentent les mêmes phénomenes à un plus haut degré, tandis que chez les
perſonnes phlegmatiques, lâches, & fort chargées

M. *Audirac*, a ſuivi les rapports, dans les différentes eſpeces d'êtres,
& dans les divers individus de la même eſpece. *Mém. cour. par la
Soc. royal. des Scienc. de Montp.*, ſur la cauſe du refroidiſſement
produit par l'évaporation &c. J'aime à m'arrêter un peu ſur ce qui me
rappelle des ſuccès dont le ſouvenir ſeul me procurera toujours une
plus douce jouiſſance que ne feroit le ſentiment des miens propres.

d'embonpoint, ils ne procedent que d'une maniere plus foible & plus cachée, parce que la
dégénération muqueufe, plus abondante chez ces
dernieres, doit, en fortifiant l'action de l'organe
cellulaire, oppofer de la gêne & de la contrainte
au développement du fyftême artériel.)

Mais fi l'on eft une fois venu à bout de prouver que
les maladies muqueufes doivent être placées dans le
département des organes, dont le fyftême artériel
peut modérer l'action vicieufe il eft affez vraifemblable
qu'elles retirent des avantages fenfibles de la fievre,
qui s'annonce prefque toujours par l'action augmentée de tout le fyftême vafculaire, quoique ce ne foit
point là fon caractere diftinctif. Auffi M. *de Bordeu*
difoit-il que la fievre eft un fecours heureux, dans
les engorgemens du tiffu cellulaire. Les obfervations
de tous les Praticiens confirment cette efficacité
de la fievre, dans toutes les maladies muqueufes.
M. *Selle* obferve que le tœnia peut être emporté
par une fievre; & M. *de Tode* a avancé que le
plus puiffant des vermifuges étoit l'émétique,
combiné avec la fievre. Or, il n'eft pas douteux
que la production des vers coïncide le plus fréquemment avec l'efflorefcence des fucs muqueux,
même dans l'opinion des Médecins qui croient la
préexiftence des germes néceffaire à la génération
des vers (1). *Baillou* & *Nicolas Maffa* ont prétendu que le mercure ne guériffoit la vérole qu'en
excitant la fievre; & il n'y a peut-être point de
fymptômes vénériens qui ne puiffent fe diffiper par

_____

(1) On peut voir cette opinion, préfentée avec tout ce qu'elle a
de fort & de fpécieux, dans une Differtation très-bien écrite,
foutenue à Montpellier par mon ami Guichard. *Animad. gener. circâ
proceff. Hift. Nat.*, &c.

les fecours qu'une fievre accidentelle leur procure.
M. *Grant* rapporte que les purgatifs répétés par
lefquels on a coutume d'attaquer la gonorrhée,
dans les garnifons de Flandre, ne tardent pas à
décider une fievre d'accès qui emporte prefque
toujours la gonorrhée, fi elle furvient avant qu'elle
foit guérie ; *tom.* 1 , *pag.* 5. Cette obfervation de
M. *Grant* revient à celle que m'a communiqué
mon cher confrere M. *Crefpin*, connu dans l'U-
niverfité de Montpellier par de bonnes Thefes de
Médecine, & par des Cours intéreffans de Phy-
fiologie. Un jeune homme, après avoir pris huit
onces de mercure dans l'efpace de vingt jours,
contre une gonorrhée, des bubons & plufieurs chan-
cres, fans que ces fymptômes éprouvaffent le moindre
foulagement, vint à Montpellier, & pendant le
voyage il fut atteint d'une fievre qui adoucit bientôt tous les fymptômes, de maniere qu'en la
foutenant par des fudorifiques & des lavemens
ftimulans, on amena au bout de trois jours une
falivation abondante qui emporta le refte de la
maladie. Il eft remarquable que les bubons vénériens difparoiffent fréquemment à la fuite d'un accès
fébrile, tandis que les bubons inflammatoires refufent de céder à ce moyen naturel de folution.
M. *de Bordeu* nous a fait connoître bien des cas
d'écrouelles diffipées par un fimple mouvement de
fievre, quoiqu'elles euffent réfifté jufqu'alors aux
remedes les mieux indiqués ; ce qui faifoit dire à
M. *de Bordeu, que la révolution du tempérament,
la mutation de l'âge puérile, & même la révolution que procure le mariage, font des effets fur-
prenans fur les écrouelleux.* L'immortel *Sydenham*
difoit que la goutte fe fait fentir à des intervalles
plus reculés, & s'annonce par des fymptômes moins

cruels, chez les jeunes gens, que chez les vieillards ; *tom. 2 de pod.* Ne pourroit-on pas penfer que l'organifation plus mobile des jeunes gens fe prête plus volontiers aux impulfions fébriles par lefquelles la nature élude, & le retour, & la rigueur des accès, outre que la dominance refpective du fyftême artériel, qui eft propre à cet âge, paroît d'ailleurs fuffifante pour enrayer & prévenir les progrès de toutes les affeftions muqueufes, & de celles qui, comme la goutte, ont avec elles la plus grande analogie.

Maladies bilieufes & féreufes chroniques.

Nous avons des exemples de la forme chronique, fous laquelle peuvent fe produire les affections de ces deux claffes, dans le fcorbut chaud, par rapport aux premieres ; & dans la plupart des hydropifies, par rapport aux fecondes. Or, je crois que nous pouvons avancer, comme une propofition généralement vraie, que la fievre n'eft d'aucun avantage ni pour les unes, ni pour les autres.

En effet, fi l'on confidere que les maladies bilieufes fe manifeftent fpécialement en été, fous une conftitution chaude & feche, comme eft celle des pays méridionaux ; fi l'on fait attention qu'elles attaquent les hommes, préférablement aux femmes, & les hommes d'un tempérament fec & vigoureux, par préférence aux perfonnes lâches & délicates ; fi l'on remarque enfin que les violentes paffions de l'ame, telles que la colere, ont le pouvoir de les renforcer & de les accroître, on fera tenté de croire qu'il exifte dans les maladies bilieufes le même excès d'énergie & de vigueur

que nous avons déjà reconnu dans les affections
inflammatoires ; d'où il fuit que les mêmes raifons
qui nous portent à craindre la fievre pour celles ci,
doivent nous engager à la redouter pour celles là.
Et réellement le célebre M. *Lind* a placé dans le
nombre des chofes qui ajoutoient les plus grands
dangers, aux fievres contagieufes la circonftance de
co exifter avec le fcorbut chaud ; en forte que fi
ces fievres attaquoient des hommes affectés déjà
du fcorbut, elles ne tardoient pas à fe compliquer de malignité.

Les maladies féreufes font auffi aggravées par
la fievre ; mais cela tient à une caufe toute différente, puifqu'il n'y a aucune parité entre ces deux
claffes de maladies, qui font même en oppofition
à bien des égards : mais la fievre ne contribue pas
moins à rendre celles-ci plus redoutables. Confi-
dérez en effet quelles font les caufes qui les favorifent & les aggravent, vous reconnoîtrez qu'elles
tendent toutes à introduire une débilité radicale
dans le fyftême des forces, en affoibliffant la foli-
dité ou la texture des organes que ces forces animent. Ainfi les vieillards, les tempéramens foibles
& phlegmatiques, font les plus expofés à ces fortes
de maladies, qui fe trouvent d'ailleurs renforcées
par l'humidité du climat & de la faifon ; par l'ha-
bitation des pays marécageux ; par une vie oifive
& fédentaire ; par les paffions triftes ; par l'abus
des faignées & du régime délayant ; & en général,
par toutes les caufes capables d'énerver la vigueur
du tempérament : or, il n'eft pas douteux que la
fievre ajoute à cet affaibliffement extrême, & qu'elle épuife tôt ou tard le refte des forces néceffaires à
la nature pour qu'elle puiffe fe prêter au développement total des phénomenes que ces maladies

embraffent : de là vient que les fievres quartes ,
en fe prolongeant , inclinent affez volontiers à
dégénérer en hydropifies : *ex quartanis hydrops.*
Hippocrate établiffoit qu'en général la fievre étoit
pernicieufe aux hydropiques, fur-tout fi les urines
couloient en petite quantité , & fi elles portoient
les marques d'une altération fenfible dans la couleur & dans la confiftance. *Hydropico febricitanti*
urina pauca , rubra , turbida , perniciofa.

Un des plus grands Praticiens qui honorent la
Médecine , M. *Tiffot* , met la fievre au nombre
des chofes qu'il redoute le plus dans l'hydropifie ;
& il ne fe flatte de la guérir que lorfqu'elle en eft
pleinement exempte. *Illis cavendum qui putredi-*
nem augent aut febrim excitant. Nocet enim
quidquid nonnulli fabulentur & defperatus fere
quem comitatur hydrops, fpe nundùm deftituimur
quamdiù abeft. Epift. ad Haller.

Etat purulent des humeurs.

Les altérations humorales que nous venons
d'examiner peuvent être exaltées au point de tranf-
former les humeurs en véritables matieres puru-
lentes , & de leur imprimer des caracteres fenfiblement analogues à ceux que préfente le pus ,
dans le voifinage des inflammations locales.
Ce changement eft commun à toutes les humeurs fufceptibles de former les caufes matérielles des maladies , & elle peut avoir lieu
indifféremment pour toutes les efpeces de dégénérations exiftantes dans le corps ; en forte
que le mot *purulence* eft une expreffion vague ,
dont le fens doit être déterminé par la nature
fpécifique de la dégénération humorale , à laquelle

il fe rapporte : car , encore un coup , chaque humeur morbifique , ou plus généralement , chaque
caufe matérielle de maladie peut fe préfenter dans
un état de purulence 'qui forme le dernier degré
d.s altérations qu'elle eft capable d'éprouver.

Mais quelle que foit l'origine de cette purulence,
il eft certain qu'elle fe produit & s'engendre dans
toutes les parties du corps , fur lefquelles elle s'arrête quelquefois , pour établir des abcès vraiment
chroniques , & qui n'ont été précédés d'aucun
fymptôme fébrile , d'aucun figne d'inflammation
locale , puifqu'il y a des états abfolument dénués
de fievre qui introduifent néanmoins dans les
humeurs un caractere de purulence bien décidé ,
comme le conftatent les obfervations de *Bonret* ,
de *de Haën*. C'eft à cette difpofition purulente
qu'il faut attribuer un grand nombre de maladies
chroniques , telles que font certains ulceres rebelles, toutes les affections dépendantes de la fuppuration lente de quelque vifcere , on de quelqu'organe
confidérable, la phthifie dans fon dernier degré, &c.

L'obfervation de tous les Praticiens a prouvé
que la fievre qui fe joint à ces divers états de purulence , tend à dégénérer en fievre hectique , fi
l'on ne fe hâte d'arrêter & de prévenir fes progrès,
par l'adminiftration prompte des fébrifuges appropriés (1). *Sthaal* ne reconnoiffoit d'autre fievre
hectique que celle qui dépend de l'exulcération
profonde des vifceres majeurs : *Hoffmann* regardoit
les mouvemens fébriles comme dangereux , lorf-

_____

(1) Lorfque les humeurs font parvenues à un degré de purulence
bien déterminé , il ne refte plus d'efpoir que dans l'ufage des anti-
feeptiques, proprement dits. Or, il eft remarquable que ces remedes
font pour la plupart fébrifuges , & qu'ils préviennent la fievre eu
même temps qu'ils arrêtent les progrès de la putréfaction.

qu'ils étoient furvenus à la fuite de la corruption
lente de quelque vifcere. *Ex febribus five febrilibus
fpafticis generis nervofi & vafculofi commotioni-
bus, minùs falutares funt quæ à corruptione lentâ
vifcerum aut apofthemate ut funt hecticæ oriuntur
& phthifcis, cachecticis atque hydropicis fuper-
veniunt : fect. 3, pag. 410.* Foreftus parle d'un
abcès purulent fixé fur la région du foie, auquel
fe joignit une fievre hectique, dont les mouvemens
furent inutilement combattus par tous les remedes
convenables, & qui décida la mort, après avoir
réfifté aux fecours qu'elle demandoit, foit par elle-
même, foit par la nature de la maladie primitive.
Or, la rapidité avec laquelle ces fievres tendent à
une terminaifon malheureufe, eft évidemment liée
au caractere purulent qu'elles fuppofent dans les
humeurs ; & dès lors il faut confidérer la fievre
& la purulence comme deux états qui fe nuifent
mutuellement, & dont il eft toujours malheureux
d'éprouver la co-exiftence, parce que l'une follicite
en quelque forte le développement des funeftes
effets attachés à l'autre, & met en jeu l'action de
cette caufe deftructive qui, fans elle, feroit demeurée affoupie, & n'auroit amené que des accidens ordinaires.

Maladies qui fe guériffent par des Spécifiques.

Il faut concevoir, dans les maladies de cette
claffe, deux caufes diftinctes, dont la confidération eft également néceffaire à qui veut juger des
effets avantageux ou funeftes que la fievre produit
par rapport à elles. 1°. La caufe fpécifique qui
circonfcrit la nature de chaque efpèce de maladie,

qui en forme une affection *sui generis* & diftinguée
de toutes les autres. C'eft elle, par exemple, qui
fait que le *cancer* eft *cancer*, & qui nous empêche
de le confondre avec d'autres affections analogues.
2°. La caufe matérielle, ou la dégénération humorale, avec laquelle cette caufe fpécifique s'unit
& fe combine. La premiere, ne peut être convenablement attaquée que par les remedes fpécifiques, & dès-lors la fievre n'a aucune prife fur
elle : mais il faut auparavant que la maladie foit
fimplifiée, & fuffifamment dégagée des complications
étrangeres qu'elle a pu contracter avec différentes
dyathefes humorales. Les fpécifiques n'ont aucune
puiffance, aucune efficacité pour détruire ces
dyathefes, qui ne peuvent donc être attaquées avec
avantage que par les remedes connus & appropriés. Dès-lors on doit eftimer la maniere dont la
fievre agiroit fur ces fortes de maladies, d'après
la nature de la caufe humorale qui fe les fubordonne, en les enveloppant fous la puiffance étendue de fon domaine. Or, nous avons déterminé
quelles font, parmi ces caufes, celles qui rendent
les efforts de la fievre avantageux ou nuifibles ;
en forte que fi les principes expofés dans cette
feconde Partie ne fouffrent point de difficulté, il
ne refte plus aucun doute fur les véritables circonftances des maladies chroniques qui peuvent
autorifer le deffein d'exciter ou de modérer la
fievre. Il ne s'agit donc plus que d'indiquer les
regles & les précautions d'après lefquelles un
Médecin doit diriger cette intention ; & ce fera
le fujet de notre troifieme Partie.

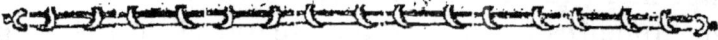

TROISIEME PARTIE.

LA conféquence importante & majeure qui fe préfente à tirer des principes établis dans les deux premieres parties de ce Mémoire, eft que la fievre (1) a une influence manifefte fur plufieurs efpeces de maladies chroniques, par rapport auxquelles il faut diriger fes mouvemens de la maniere la plus avantageufe & la plus favorable à leur terminaifon naturelle. Nous n'aurions donc contribué que bien imparfaitement aux progrès de l'Art, fi, après avoir déterminé les rapports généraux fous lefquels la fievre peut être utile ou dangereufe, nous ne nous attachions à donner des regles qui puiffent nous conduire fûrement à retenir la fievre dans fes juftes bornes, en l'excitant ou la modérant, felon que l'un ou l'autre de ces effets paroît être néceffaire : car fi l'oppofition des phénomenes conftitutifs de la fievre avec la caufe des phénomenes d'une maladie lui rend l'exiftence de la fievre utile, c'eft l'accord de toutes ces circonftances, avec les moyens propres à l'exciter, qui rend fon utilité poffible. Il ne fuffit donc pas de favoir que dans les cas où les avantages de la fievre font bien prouvés, nous devons tenter de proportionner fes mouvemens à l'énergie des caufes extraordinaires de maladies, mais il faut de plus

---

(2) J'ai fouvent appellé la fievre un fymptôme, quoiqu'on ne puiffe pas dire d'elle qu'elle eft un fymptôme ifolé : mais j'ai pris ce mot dans un fens général & indéterminé, comme exprimant la collection des fymptômes qui conftituent la fievre.

empêcher que ces mouvemens augmentés deviennent funestes, par la difficulté où est le Médecin
d'en déterminer le type bien précisément, & de
fixer l'incertitude de leur issue. La même attention
est indispensable dans les cas contraires, où il faut
s'opposer aux dangers de la fievre, en tâchant de
modérer & de contenir ses mouvemens dans un
ordre convenable : d'où il suit que la fievre, soit
qu'on l'excite, soit qu'on la modere, demande une
grande prudence de la part du Médecin, qui peut
commettre des erreurs graves, s'il s'écarte un
instant des regles & des précautions d'après lesquelles il doit diriger sa marche. Or, c'est uniquement à faire connoître ces précautions que je vais
consacrer cette derniere partie de mon Mémoire,
en commençant par celles qui concernent le dessein
d'exciter la fievre, ou d'augmenter & de renforcer
l'intensité de ses mouvemens.

S'il nous étoit possible de prendre les efforts
fébriles que la nature oppose aux maladies, dont
ces efforts mêmes constituent une portion nécessaire, pour la mesure de ceux que nous sommes
quelquefois dans l'intention de solliciter par des
moyens artificiels, nous n'aurions aucun inconvénient à craindre, & les procédés sur lesquels seroient modélés les nôtres assureroient pleinement
leur réussite : car un caractere qui ne trompe jamais, dans l'estimation des biens ou des maux
que l'on peut produire, en excitant la fievre, c'est
le rapport & la liaison intime qu'elle conserve avec
les autres phénomenes essentiels à la maladie ; en
sorte que la premiere & la plus générale de toutes
les précautions qu'il faille observer, en l'excitant,
est de le faire par des moyens pris, autant que
cela se peut, de l'essence même de la maladie,

avec laquelle il faut , pour ainſi dire , l'identifier & la confondre. C'eſt là que doit s'appliquer la ſentence d'*Hippocrate* , qui ne voyoit rien de terrible ou de menaçant dans tout ce qui s'exécute ſelon les vœux & les loix de la nature : *nihil enim in his quæ ſecundùm naturam , aut formidandum , aut lethale contingit : de dieb. judic. cap.* 1.

Mais nous ne pouvons pas toujours nous arrêter où s'arrête la nature , & les procédés qu'elle emploie ne ſont pas d'ailleurs en notre pouvoir ; car les reſſources de la nature ſont infinies , comme la multiplicité de ſes opérations. Eh ! qui eſt-ce qui peut eſpérer en effet de diriger l'ordre des mouvemens fébriles de la maniere la plus conforme à ſes vues , & de diſpoſer à ſon gré les objets de ſenſation qui reviennent inceſſamment pour les altérer & les troubler ?

Si tôt donc que la fievre eſt livrée à la ſeule puiſſance de l'Art , il eſt difficile qu'elle réuſſiſſe avec autant de certitude que celle dont le développement eſt dû à l'activité de la nature , parce que le concours néceſſaire à ſon ſuccès n'eſt ſous la dépendance de perſonne , & qu'il eſt rarement poſſible de le plier aux vœux & à la volonté de celui qui entreprend d'en uſer ſelon la petiteſſe de ſes vues. Tout ce qu'on peut faire , à force de précautions , eſt d'approcher plus ou moins du but , en rendant la fievre plus ou moins naturelle , & en la dépouillant avec ſoin de toutes les circonſtances qui la ſurchargent d'accidens étrangers , & qui en font un poids incommode à la maladie.

Mais les précautions qu'il faut obſerver pour atteindre ce but ne partent pas toutes d'une ſeule & même ſource ; il y en a qui ſe rapportent aux moyens que l'on met en uſage pour exciter la fievre;

il

il y en a qui concernent le sujet sur lequel on applique ces moyens ; d'autres regardent le temps convenable à leur application. Toutes reçoivent des modifications relatives à la nature de la maladie que l'on a dessein de combattre par la fievre.

Précautions qui se rapportent aux moyens que l'on emploie pour exciter la fievre.

S'il y a quelque chose de difficile & d'incertain dans la pratique de la Médecine, c'est sans contredit l'emploi des moyens capables de donner la fievre au besoin , & de la diriger conformément aux vœux de la nature , & à la volonté du Médecin. Il n'est pas douteux que l'Art, qui, depuis la découverte du quinquina , peut prédire, comme d'une maniere sûre , l'instant où il arrêtera la fievre, lorsqu'elle existe , n'ait qu'une puissance bien bornée pour la décider ou la rappeller, lorsqu'elle n'existe pas. Frappé de ces difficultés , *Boerrhaave* disoit qu'il n'y auroit jamais de Médecin comparable à celui qui seroit en possession d'un procédé par le secours duquel il pût mettre autant d'habileté à ramener la fievre , qu'à la supprimer.

Les moyens que l'on emploie pour exciter la fievre , peuvent avoir trois objets bien différens , ou d'augmenter l'intensité de ses mouvemens , & de les élever à un degré de force qui surpasse celui auquel ils existent déjà, ou d'en solliciter le développement lorsqu'ils n'existent pas , ou bien enfin de les rappeller après qu'ils ont été supprimés brusquement & mal-à-propos. Il est clair que ces moyens doivent être bien différens , suivant la différence de ces destinations.

M

1°. Dans le choix des moyens qui vont à renforcer la fievre déjà exiſtante, il faut donner la préférence à ceux que l'obſervation prouve être propres à exciter doucement les fonctions, & à les ſoutenir dans un état d'énergie & de vigueur, qui les retire ſenſiblement de l'inertie dans laquelle la maladie les plonge. L'uſage des alimens placés de maniere qu'ils ſéjournent long-temps ſur l'eſtomac, & qu'ils produiſent un effet tonique bien marqué, l'exercice modéré & ſoutenu juſqu'à une légere laſſitude, l'application bien ménagée des moyens capables de ſolliciter l'action des organes ſecrétoires, l'influence des paſſions douces & affectueuſes, l'action des objets extérieurs, & les ſenſations variées qu'elles réveillent dans l'ame, &c. En voilà plus qu'il ne faut pour remplir les vues que l'on ſe propoſe.

Nous pourrions ajouter l'irritation produite par certains médicamens qui n'ont aucune priſe ſur la maladie, ou qui ne jouiſſent au moins que d'une puiſſance inſuffiſante pour la dompter. Car l'effet inutile & avorté de ces remedes ne pouvant préſenter à la maladie un obſtacle qui la ſurmonte complétement, devient pour la nature une occaſion de s'irriter & de déployer avec plus de force l'appareil de ſes mouvemens fébriles conſervateurs. *Verlof* a obſervé que les fébrifuges donnés en quantité trop petite pour arrêter la fievre, étoit ce qu'il y avoit de mieux pour ajouter à ſon intenſité; en ſorte que des doſes inſuffiſantes de kina ne font que troubler davantage la nature & ſe transforment en moyens propres à nourrir la fievre & à relever l'énergie de ſes efforts. Mais il reſte toujours beaucoup d'équivoque & d'incertitude ſur le ſuccès de ce procédé-

là , dont l'art ne doit dès lors uſer qu'avec une
extrême réſerve La même loi de prudence veut
que l'on évite avec ſoin tout ce qui pourroit jeter
du trouble ſur l'exercice des fonctions , en les
portant au delà ou en deçà de leur mode d'activité naturelle. Il eſt bon de conſidérer auſſi quelles ſont les fonctions qui ſe trouvent le plus particuliérement intéreſſées par l'uſage des moyens
dont on a fait choix , & il faut avoir ſoin d'en
modérer l'action, ſi elle ſe porte ſur des fonctions importantes & eminemment vitales par préférence à d'autres qui ſont moins néceſſaires. Il
faut encore mettre de côté tous les moyens qui ,
agiſſant par des efforts bruſques & inattendus ,
peuvent changer tout d'un coup & profondément
la marche de la maladie & l'altérer au point de
rendre ſes phénomenes méconnoiſſables , parce
qu'il eſt rare que la maladie gagne à ce changement déplacé , après lequel il eſt d'ailleurs poſſible que la fievre donne lieu à des effets biens
différens de ceux qu'on en attendoit. Une précaution eſſentielle dans l'adminiſtration de ces
moyens eſt donc de les diſtribuer par gradations
ménagées , de ma iere que l'on s'éleve ſucceſſive-
ment à faire uſage des plus forts , en ſuivant les
loix d'une progreſſion croiſſante. Cette maxime
s'étend à tous les remedes héroïques , dont il faut
augmenter l'activité graduellement , & par un progrès uniforme , réglé & qui monte depuis les plus
foibles juſqu'aux plus forts , en ne laiſſant entre
eux que des nuances délicates. C'eſt ici que l'Art
du Médecin ſe confond avec celui du Moraliſte ,
qui conſiſte auſſi à émouvoir l'ame par degrés ,
& à y faire pénétrer toutes les nuances des paſ-

fions foibles & adoucies avant d'arriver à celle qu'il a deffein d'y fixer.

2°. Lorfqu'il s'agit de décider la fievre dans des maladies, dont la nature ne la comporte pas effentiellement, on eſt néceſſité à fe fervir de moyens plus actifs & plus puiſſans pour fuppléer à la difpoſition fébrile qui manque, ou du moins pour lui donner autant d'énergie qu'il en faut lorſqu'on entreprend de la réalifer. Or la regle de précaution la plus générale que nous puiſſions prefcrire par rapport à cet objet, eſt de proportionner la force de ces moyens à la difpoſition actuelle du corps fur lequel on les applique, dè maniere que leur activité augmente graduellement à mefure qu'ils agiſſent fur des fujets moins difpofés à produire les mouvemens fébriles, & qu'elle diminue fuivant un ordre de rapports inverfe dans les circonſtances contraires. En obfervant cette loi, on atteint prefque toujours le but qu'on fe propofe, parce que les divers degrés d'excitation correfpondent exactement aux différens degrés qui mefurent le befoin qu'on en a.

Mais il y a plus ; il eſt à craindre que les moyens employés ne foient d'aucune efficacité pour décider la fievre, fi l'on n'a foin de choifir ceux qui font le plus en rapport avec la fenfibilité individuelle, de celui que l'on doit foumettre à leur action. Car il arrive quelquefois que les mêmes ſtimulus appliqués fur deux corps différemment difpofés, follicitent l'un à des mouvemens convulfifs terribles, tandis qu'ils changent à peine l'état naturel de l'autre, qui femble demeurer exempt de toute impreſſion ; & par une raifon femblable des moyens d'excitation différens, peuvent produire des effets analogues, pourvu qu'ils s'exercent fur

des fujets dont la fenfibilité individuelle conferve
avec eux des rapports évidens de convenance. Mais
ce qui eft encore plus décifif, c'eft qu'on voit tous
les jours des ftimulus d'une force inégale, appliqués
en même-temps fur les mêmes fujets, donner
des réfultats qui ne font pas du tout proportionnels à
leur intenfité ; en forte que l'impreffion des plus
actifs & des plus forts, fe trouve effacée & détruite par d'autre d'une activité plus foible en apparence, mais dont le mode d'action convient &
s'affortit plus précifément à la fenfibilité particuliere de celui qui eft deftiné à en éprouver l'effet.
Et vous voyez dès-lors combien il eft important
de choifir dans le nombre des moyens propres
à exciter la fievre, ceux qui font les plus analogues à la difpofition actuelle du corps, leque
répond à leur action avec d'autant plus de vivacité que cette analogie paroît être plus étroite &
mieux affurée.

Les procédés par lefquels on a tenté de décider la fievre, font tellement multipliés, qu'il nous
feroit bien difficile d'en donner ici une énumération exacte. Un des plus anciens eft celui qu'em-
ployoit *Hippocrate*, qui confiftoit donc, comme
nous l'avons déjà dit, à verfer brufquement de
l'eau bien froide fur toute la furface extérieure du
corps. Cette méthode qui eft encore très-ufitée
aujourd'hui en Amérique, ne peut convenir à
tous les tempérammens, & elle refufe plus qu'aucune autre de fe prêter aux variétés nombreufes
d'idiofyncrafie qui fe rencontrent parmi les individus de la même efpece, lefquelles exiftent dans
l'état de la plus parfaite fanté & fe fortifient par
un état contraire. Il n'eft pas douteux encore qu'il
y ait des maladies qui contr'indiquent formelle-

ment l'ufage de ce moyen, quoiqu'elles foient comprifes dans la claffe de celles dont la fievre reven-
dique la guérifon.

Sydhenam étoit dans l'ufage de donner des
purgatifs à hautes dofes ; il avoit remarqué que
rien ne favorifoit mieux le developpement de la
fievre. On a propofé de combiner les diaphorétiques avec les purgatifs, dans les cas où les purgatifs ne fuffiroient pas, parce que ce mêlange,
en donnant aux forces une impulfion qui les porte
fuivant deux directions oppofées, invite la nature
à déployer tout l'appareil des mouvemens fébriles.
On pouroit recommander dans le même efprit,
la méthode que le célebre M. *de Barthés* appelle *perturbatrice*, & qui confifte en général à
entremêler avec art des remedes de nature directement oppofée. Cette méthode, en communi-
quant au corps des impreffions qui fe fuccedent
en fens contraire, l'oblige de mettre en acte toutes les forces qu'il tient en puiffance. Ce qui ne
peut avoir lieu fans exciter un défordre tumultueux
que la fievre accompagne toujours. Mais ce défordre même auroit de grands inconvéniens pour
les fujets qui, à une conftitution foible & délicate,
uniffent une fenfibilité vive que les moindres chofes
peuvent émouvoir plus qu'il ne le faut. *Ettmuller* fe
fervoit avec beaucoup d'avantage de l'efprit volatil
de fel ammoniac. *Cahaufen* affure qu'il n'a jamais employé fans fuccès le vin médicamenteux,
dans lequel il faifoit infufer des fubftances réfolu-
tives, diurétiques, déterfives. L'état pulvérulent
fous lequel fe préfentent certains remedes, peut
encore décider la fievre par l'irritation qu'ils portent fur l'eftomac & les premieres voies. Mais il
n'eft permis de recourir à ce moyen que dans

le cas où les remedes dont nous parlons seroient d'ailleurs indiqués par la nature de la maladie.

C'est à la sagacité du Praticien exercé à juger, d'après toutes les circonstances de la maladie bien vues & bien estimées, quels sont, parmi ces moyens, ceux qui doivent mériter la préférence. Mais quelle que puisse être la douceur de celui sur lequel tombera son choix, la prudence exige qu'il fasse marcher de concert avec lui l'usage des remedes capables de brider & de chatrer ses effets, en adoucissant son action par un mélange d'effets contraires. C'est ainsi que les Praticiens tâchent de corriger l'acreté vivement pénétrante de certains purgatifs en les combinant avec la manne ou avec d'autres minoratifs appropriés. *Werloff* disoit qu'il n'oseroit jamais entreprendre d'exciter la fievre, s'il ne possédoit la connoissance d'un remede, par le secours duquel il pût modérer ses mouvemens à son gré & même les arrêter complettement lorsqu'il le jugeroit à propos ; *nisi remedio me pollere certus sim quo motus forsan excedentes tempestivè rursùm reprimere & penitùs avertere possim.* C'est du reste une loi qui s'applique également à toutes les circonstances, dans lesquelles il est utile d'exciter la fievre, quelques soient d'ailleurs les raisons sur lesquelles cette utilité se trouve être fondée.

3°. Le choix des moyens capables de rappeler la fievre lorsqu'elle a été supprimée par un traitement mal entendu, est bien moins difficile, & nous avons de bien plus grandes ressources pour le déterminer. Il suffit le plus souvent de les placer, quel qu'ils soient, d'une maniere convenable, & de faire tomber leur action sur le temps que la nature à marqué pour le retour de la fievre précédente,

'Ainſi tout ce qui peut produire un changement noⁱ table dans le corps à cette époque, doit être mis au nombre des moyens qui ont le pouvoir de la rappeller. Les ſeignées, les purgatifs, les diuretiques, les diaphorétiques, les ſels ammoniacaux, les ſels volatils, les ſels amers donnés à doſes incomplettes poſſedent cette vertu.

La précaution la plus générale qu'il faille obſerver lorſqu'on eſt dans le deſſein d'exciter la fievre, eſt de ſoutenir les forces, ou même de leur donner une activité nouvelle ; car, tant que la nature eſt en pleine vigueur, tant qu'elle jouit librement de toutes ſes forces, tant que rien ne manque à ſon énergie & qu'elle peut la déployer ſans contrainte, elle ſe ſuffit bien à elle-même, & elle eſt pourvue de tout ce qu'il lui faut pour décider la fievre lorſqu'elle la juge néceſſaire. C'eſt une regle que *Sydenham* preſcrivoit aux Médecins de ſon temps, & qui ſe rapporte indifféremment à tous les cas où il eſt permis de déſirer un certain degré d'intenſité dans les mouvemens fébriles.

Précautions relatives au temps où l'on doit appliquer les moyens propres à exciter la fievre.

Il ſeroit inutile d'avoir trouvé un moyen qui puiſſe donner ſûrement la fievre, ſi l'on ne ſavoit l'employer de la manière la plus avantageuſe poſſible, en choiſiſſant, pour l'appliquer, le temps où la nature paroît être le plus diſpoſée à reſſentir ſon impreſſion & à produire les mouvemens fébriles, indépendamment des autres effets maladifs qui ont coutume de co-exiſter avec eux ; car la fievre n'exiſtant pour l'ordinaire qu'à raiſon de la cauſe qui l'entretient , & ſes efforts ſe trouvant unis à cette cauſe par une intime liaiſon , il eſt à craindre qu'elle ſoit pour la nature une occaſion de mettre en jeu quelqu'une de ces cauſes , & d'introduire par conſéquent dans le corps , des maladies bien différentes avec leſquelles la fievre ſe rencontre & ſe combine fréquemment. Il y a donc deux choſes à conſidérer avant de tenter l'uſage des moyens capables d'exciter la fievre , ſavoir , 1°. ſi l'application de ces moyens ſera bien-tôt ſuivie de l'effet qu'on en attend ; 2°. s'il n'y a point d'inconvénient manifeſte qui ſoit attaché à la production de cet effet; dans le premier cas l'art devient nuiſible s'il manque ſon but ; dans le ſecond , il eſt également blâmable s'il à le malheur de l'atteindre. Or , pour éviter l'un & l'autre de ces maux , il lui importe de choiſir un moment où il puiſſe placer ces moyens avec tout l'avantage poſſible , & cela ſans nuire au corps qui en éprouve l'action par aucune circonſtance accidentelle: en ſorte qu'il lui ſoit également facile, & de décider la fievre , & d'éloigner toutes les eſpeces de cauſes maladives qui pourroient former avec elle des complications pernicieuſes.

C'eſt ſur tout lorſqu'il s'agit de rappeller une fievre intermittente trop bruſquement ſupprimée, qu'il eſt néceſſaire d'avoir égard à cette diſpoſition différente de la nature en vertu de laquelle elle reproduit les mouvemens fébriles, avec plus ou moins d'aiſance en différens temps ; car l'illuſtre M. *Werloff* a bien prouvé que chaque eſpece de fievre avoit des jours fixes & marqués pour les rechûtes qu'elle doit éprouver & au-delà duquel il eſt preſque impoſſible à l'art de les déterminer. Il a vu que ces rechûtes arrivoient pour l'ordinaire dans la ſe-

maine paroxyſtique, c'eſt-à-dire, dans la ſemaine qui
à compter du moment où la fievre eſt terminée répond avec exactitude au jour ſur lequel tomboit le
paroxyſme. Ainſi, par exemple, les rechûtes des
fievres tierces arrivent l'un des jours compris
dans la ſeconde ſemaine qui ſuit le moment
où elles ſe ſont terminées, c'eſt à-dire, vers la
quatrieme partie du mois lunaire; & ſi après ce retour elles diſparoiſſent de nouveau, il n'eſt pas rare
de les voir revenir encore pendant quelque temps
d'une ſemaine à l'autre; en ſorte que la fievre tierce
dans ſes retours obſerve le même ordre qu'elle ſui-
voit dans la diſtribution de ſes paroxyſmes. Il en eſt de
même des fievres quotidiennes & quartes dont les
rechûtes ſe font dans la troiſieme ſemaine à compter
du moment de leur terminaiſon apparente, c'eſt-
à-dire, vers la moitié du mois lunaire; de ſorte
qu'en ſe prêtant à l'idée de *Piſon* qui admettoit la
plus grande conformité entre la fievre quotidienne
& la fievre quarte, on voit que les révolutions qui
amenent leurs rechûtes, correſpondent auſſi exactement à celles qui entretiennent la périodicité de
leurs accès, tant qu'elles ſont en acte & en pleine
vigueur. *Sidhenam* avoit déjà obſervé que les fievres quartes étoient ſujettes à revenir après une diſ-
parition apparente de deux ou trois ſemaines; & en
parlant en général de toutes les fievres intermittentes, il dit que leurs rechûtes ſe font pour l'ordinaire
dans l'eſpace de quatorze jours. C'eſt dans la vue de
les prévenir qu'il ordonnoit de continuer l'uſage du kina pendant pluſieurs ſemaines, & de ne l'abandonner
qu'après en avoir reitéré les doſes à trois ou quatre
repriſes différentes depuis l'extinction de la fievre.
Ne morbus denuo recrudeſcat, die octavo præciſè,
à quo poſtremam doſim eger aſſumpſit, unciam

in partes duodecim divifam certò certius exhibeo.
Non tamen prorsùs in tuto collocatur æger , nifi
tertio quartove eamdem methodum eodem temporis
intervallo , iterare , non gravabitur. Morton avoit
bien reconnu que les fievres tierces pouvoient revenir fans aucune caufe évidente , fi l'on ne s'op-
pofoit à leur retour , en continuant d'adminiſtrer
le kina jufqu'à la fin de la feconde femaine. *Quo-*
circà folemnem corticis repetitionem poſt inter-
vallum octo vel decem dierum bis terve imperare
foleo , fcilicet donec luna ſtadia fua fingula femel
decurrerit , quàm ſtatis curſûs fui periodis vi ex-
fufcitandi fermenta morbofa maximè pollere conf-
picimus. Hoffmann recommandoit aux malades
que le kina avoit guéri de la fievre tierce , de
prendre une nouvelle dofe de ce remede , fept
jours après la ceffation apparente des accès fébriles. Il eſt donc bien prouvé qu'il eſt certaines
époques pendant lefquelles une fievre intermittente
fupprimée mal à propos eſt plus difpofée aux retours ; & c'eſt alors qu'il faut tenter de la rappeller , fi l'on veut le faire d'une manière avantageufe & affurée. Tous les moyens d'excitation ,
placés dans un autre temps , demeureront inutiles ,
& leur efficacité deviendra nulle , fi on ne les emploie dans quelqu'un des jours de ces femaines pa-
roxyſtiques , auxquelles femble donc attaché le
droit exclufif de décider des rechûtes. Lorfque
Bianchi avançoit que les purgatifs donnés dans la
convalefcence des fievres intermittentes n'avoient
pas le pouvoir de les rappeller , c'eſt qu'il en
faifoit ufage dans un temps trop éloigné de celui
que nous venons de prefcrire , d'après les belles
obfervations de *Werloff.*

Le temps le plus propre pour exciter la fievre

n'eſt pas auſſi facile à déterminer, dans les cas où il s'agit d'une fievre abſolument nouvelle, & qui n'a point encore exiſté. La regle la plus ſûre que l'on puiſſe ſuivre alors, eſt de raſſembler tous les ſignes qui indiquent la plus ou moins grande diſpoſition de la nature à produire des mouvemens fébriles, & de choiſir l'inſtant où ces ſignes exiſtent en plus grand nombre, & où par conséquent cette diſpoſition touche à ſon plus haut degré. Il n'y a que le Praticien exercé qui puiſſe ſaiſir ces indications diverſes, & les claſſer ſuivant l'ordre de leur importance mutuelle.

Nous n'aurions fait connoître que la partie la moins intéreſſante des précautions auxquelles doit être ſubordonné le deſſein d'exciter la fievre, ſi, après avoir déterminé préciſément ce qu'il faut faire pour atteindre ce but, nous n'établiſſions des regles poſitives & certaines pour l'atteindre ſans danger.

Il y a deux ſortes de phénomenes à conſidérer dans la fievre, avons-nous déjà dit; les uns ſe rapportent à elle ſeule, ſervent à la diſtinguer par-tout où elle ſe trouve, & exiſtent toujours les mêmes dans ſa plus grande ſimplicité; les autres ſont relatifs aux diverſes altérations maladives avec leſquelles la fievre s'unit & ſe complique, & dont par conséquent les caracteres lui deviennent communs, en s'identifiant, pour ainſi dire, avec les ſiens. Ceux-ci ſont le plus ſouvent ſalutaires, & ils n'entraînent pas le moindre danger, tant qu'ils reſtent fixés à cet état de pureté & de douceur: ceux-là contiennent le germe de maladies eſſentiellement différentes, & ils peuvent décider des affections plus ou moins meurtrieres, ſuivant la diverſité des cauſes dont ils proviennent. Les pre-

miers n'exiſtent d'une maniere excluſive & pure
que dans la fievre éphémere ſimple, & ils s'uniſſent
avec les ſeconds, à meſure que cette fievre s'é-
loigne de ſa ſimplicité primitive, pour former des
eſpeces plus compliquées ; en ſorte que toutes les
eſpeces de fievres différentes de la fievre éphemere
préſentent ces deux-ordres de phénomenes raſſemblés, puiſque toutes ſuppoſent une altération établie dans les humeurs, ou dans la ſubſtance des
organes dont le corps eſt compoſé ; altérations
qui conſtituent leur cauſe particuliere, & celle des
phénomenes qu'elles menent à leur ſuite. C'eſt
ainſi qu'une fievre bilieuſe des premieres voies eſt
accompagnée des ſymptômes qui appartiennent
eſſentiellement à la cauſe bilieuſe, par laquelle elle
ſubſiſte & s'entretient. Du reſte, nous avons déjà
examiné avec aſſez d'étendue les modifications variées que les différentes cauſes maladives apportent
dans la production des mouvemens fébriles. Mais
ces cauſes une fois introduites dans le corps,
peuvent donner lieu à toutes les eſpeces de maladies qui leur répondent ; & nous voyons par-là
combien Il eſt important de les écarter, & d'en
affranchir, autant qu'il eſt poſſible, la fievre qu'on
a deſſein d'établir. C'eſt ſans doute dans cette vue
qu'*Avicennes* conſeilloit de ne décider jamais
qu'une fievre ſimplement éphémere. M. *de Haën*
obſerve, à cette occaſion, qu'il eſt extrêmement
difficile de maîtriſer à ſon gré les mouvemens fébriles, de les retenir dans les bornes néceſſaires,
& de les diriger enfin ſelon les vœux de la volonté.
Sed quis, dit il, *febrim producturus adeò arbiter
rerum verſatuſque in arte eſt, ut non plus febris
generet, quàm voluerit ?* Il arrive en effet tous
les jours, ajoute-t-il, que dans le même temps de

l'année, le concours des mêmes causes décide une
fievre éphémere chez les uns, & développe une
fievre aiguë, ou même inflammatoire, chez les
autres. *Quotidiè animadvertimus eodem anni tempore, ab iisdem omninò causis, alios tertianâ
febre corripi, alios ephemerâ, alios acutâ vel
etiam inflammatoriâ, prout vis adplicatœ causœ
in peculiarem cujusque dyathesim agere possit.*
Aussi M. *de Haën* regardoit-il en général la fievre
comme un secours extrême, dont il ne falloit user
que dans les cas extrêmes, conformément à l'A-
phorisme d'*Hippocrate ; ut extremis in morbis
extrema tententur auxilia. Aph. 6, sect. 1.*

Il n'est pas impossible cependant d'éviter une
partie des dangers attachés à la fievre, en dispo-
sant toutes les circonstances sous lesquelles doit
tomber son développement ; & dans le nombre
de ces circonstances, celle du temps est sans
contredit une des plus intéressantes ; car il est
démontré que les constitutions de l'air ont une
influence marquée sur les maladies régnantes, &
que dès-lors le choix du temps ou des saisons, n'est
pas indifférent, lorsqu'il s'agit de décider une
maladie, quelque légere qu'elle puisse être. Chaque
saison en effet, apporte dans l'état de l'air des
modifications sensibles, qui disposent le corps à
telle ou telle espece de maladies, plutôt qu'à telle
ou telle autre, & qui le forcent, pour ainsi parler,
à convertir d'une maniere plus ou moins pernicieuse,
toutes les impressions maladives qu'il reçoit à cette
époque. *Hippocrate* recommandoit l'étude des
constitutions, comme celle qui devoit diriger le
Médecin dans la pratique de son Art : *quicumque,*
dit-il, *Artem Medicam integrè adsequi velit. &c.*
En suivant le cercle périodique de l'année, nous

voyons, comme l'avoit déjà reconnu *Hippocrate*,
que la tendance des humeurs à telle ou telle dégénération, change d'une faison à l'autre, & que les
différens germes de maladies qui fe développent
dans le corps, répondent toujours à un certain
nombre de circonftances dont l'ordre varie & fuit
les révolutions des temps. Ainfi le corps, pendant
l'hiver, eft difpofé à la production de la pituite
ou de la mucofité, comme le prouvent la nature
des excrétions qui font les plus abondantes alors,
& celle des maladies qui paroiffent dominer. *Homines pituitofiſſima & fpuunt & emungunt hieme
& tumores laxi albiſſimi fiunt, itemque reliqui
morbi pituitofi; lib. de nat. hom., pag.* 11. Le
printemps efface peu à peu la dégénération pituiteufe qui furabonde pendant l'hiver, & il introduit
à fa place un état de pléthôre bien décidé, à la fuite
duquel vient s'établir la dyathefe inflammatoire.
C'eft à cette époque en effet que le corps prend
une couleur plus vive & plus brillante ; que l'intenfité de fa chaleur habituelle augmente, & que les
maladies fe jugent fréquemment par les hémorrha-
gies fanguines : *vere fanguis augefcit ab imbribus
videlicet & calidorum dierum tepore, quod de-
monſtrant frequentes dyfenteriæ, fanguis ex na-
ribus fluens, calorque ac rubor vigentes; de nat.
hom., pag.* 13. A l'altération inflammatoire du
printemps fuccede une dégénération bilieufe qui
dure pendant tout l'été, & qui s'annonce par des
vomiffemens de fucs bilieux, par la fréquence des
fievres ardentes &c. *bilis autem per æſtatem corpus
poſſidet, unde homines fuâ fponte hoc tempore
bilem vomant & febribus & caloribus id magis
manifeſtum eſt; lib. de nat. hom., pag.* 15.
Enfin, pendant l'automne la dégénération pitui-

teufe de l'hiver s'unit & fe combine avec la dégénération bilieufe de l'été , & donne lieu à cette
conftitution mixte qu'*Hippocrate* appelloit attrabilaire , & que plufieurs modernes ont nommée
putride : *fanguis autem pauciffima fit`, attra verò
bilis & plurima , & pauciffima eft* , pag. 15.

Mais non-feulement chaque faifon introduit dans
le corps des dégénérations particulieres qui modifient le fyftême entier de fes affections maladives ;
elle les détermine de plus à porter leur impreffion
fur tel ou tel organe, qu'elle affoiblit relativement
aux autres : ainfi la tête fe trouve affoiblie pendant
l'hiver , tandis que ce font les organes de la poitrine qui fe trouvent affectés de cette foibleffe relative, pendant le printemps, & ceux du bas-ventre,
pendant l'automne. Voilà pourquoi la même maladie qui s'eft annoncée au printemps par des affections de poitrine , fe manifefte en automne par
des affections du bas-ventre , fans que cette différence de fymptômes doive changer en rien la
méthode de traitement , comme l'a remarqué
Sydenham.

Or, nous appercevons déjà combien eft importante l'influence des faifons fur la nature de la
fièvre que l'art excite , car il eft évident que l'application des moyens propres à la décider , doit
attirer fur le corps l'effet de cette influence , &
déterminer par conféquent des maladies plus ou
moins graves , felon qu'elle eft placée fous une
faifon plus ou moins pernicieufe. Une précaution
néceffaire eft donc de choifir celle de toutes les
faifons de l'année qui paroît être la moins meurtriere. C'eft en effet ce que l'on recherche avec
foin dans la pratique de l'inoculation qui , à bien
des égards , peut être comparée aux procédés que
l'on

l'on emploie pour exciter la fievre ; car la petite
vérole étant une maladie simple, bénigne par elle-
même, & qui ne devient dangereuse qu'à raison
des complications qu'elle subit avec différentes causes maladives, c'est en detournant ces complications meurtrieres, que l'inoculation peut être de
quelque utilité ; la petite vérole inoculée ne l'emporte donc sur la petite vérole naturelle, qu'en
ce qu'il est permis dans la premiere de préparer
les sujets, d'éloigner ces complications, ou de
saisir au moins l'instant où elles sont plus foibles
& plus douces. Il y a donc des temps qui conviennent mieux à l'inoculation que d'autres, & ce
sont ceux, comme dit M. *Stoll*, qui paroissent
être les plus exempts de maladies graves, *id
anni tempus huic morbo securius exantlando ido-
neum imprimis erit quod paucissimos morbos pro-
feret. rat. med. tom. 1.*

Or ce que nous disons ici de l'inoculation peut
& doit s'entendre en général de tous les moyens
capables d'exciter la fievre, puisqu'encore un coup
la fievre qu'on excite, de même que la petite vérole qu'on inocule, prend toujours le caractere
des maladies affectées à chaque saison. La même
fievre qui auroit été bénigne dans un temps de
l'année peut donc devenir maligne dans un autre,
par la circonstance de coexister avec des maladies graves, si l'on n'a soin d'écarter auparavant
l'empire absolu que ces maladies exercent sur les
corps auxquels on veut communiquer la fievre,
& d'empêcher qu'elles lui soient transmises du
même coup. *Hippocrate* disoit, avec raison, que
la fievre qui survient pendant le printemps est la
plus douce & la plus facile à guérir. *Facilior
curatu vernalis.*

N

À côté de l'influence des faifons fur la production artificielle des mouvemens fébriles, nous devons placer celle des épidémies régnantes qui,
lorfqu'elles font bien établies, répandent leur caractere & leur génie fur toutes les maladies qui
fe déclarent dans le même temps ; en forte qu'une
indifpofition, fouvent légere, décidée, fous l'action
d'une épidémie quelconque, ne tarde pas à fe
compliquer avec elle, & à devenir dangereufe au
même point. *Sydhenam* avoit déjà remarqué que
les conftitutions épidémiques frappent de leur empreinte dominante toutes les maladies qui reignent
alors, & qui lui deviennent entiérement fubordon-
nées ; comme on peut le voir dans l'hiftoire qu'il
nous a donnée de la fievre inflammatoire qui re-
gna à Londres l'année 1667, & de celle qu'il a
décrite fous le nom *de novo febris ingreffu*. M.
Stool eft celui de tous les Praticiens modernes
qui a le mieux fuivi cette influence des épidémies, & il a vu qu'une plaie affez légere fuffi-
foit quelquefois pour déterminer l'effet d'une conftitution épidémique, & pour attirer fur un corps
mal difpofé les accidens dont elle renferme &
entretient le germe : car parmi les fujets foumis
à l'influence d'une épidémie, il n'y en a aucun
qui ne la porte en puiffance & chez qui la moindre occafion ne doive fuffire pour la développer
& la mettre en acte (1). Or tout ce qui tend

_____

((1) Toutes les épidemies portent fur les maladies chroniques un
caractere de reffemblance qui fuffit pour les rapprocher toutes jufqu'à
une identité apparente, malgré la diverfité des caufes extérieures
qui leur ont donné naiffance ; en forte qu'elles font affez généralement difpofées à céder alors aux remedes indiqués par l'épidémie,
M. *Grant*, en parlant de la facilité avec laquelle les fievres gaftri-
ques-bilieufes ramenent les maladies dont la nature a contracté l'ha-

à exciter la nature, tout ce qui va à changer l'ordre des fonctions, peut devenir une cause occasionnelle de ce développement. Ainsi, dans ce cas, l'état d'un homme attaqué d'une maladie légere par elle-même, est aggravé par la complication qu'elle subit, & il doit être regardé comme un état mixte composé de la propre maladie & de celle qui regne épidémiquement sur tous les sujets qui habitent un même pays. Les moyens capables d'exciter les mouvemens fébriles appliqués alors, donneroient donc l'épidémie en même-temps qu'ils décidéroient la fievre, puisque des causes d'irritation plus foibles, & qui ne produiroient que des affections simples & bénignes dans un autre temps, ne peuvent agir lorsqu'il existe une épidémie sans amener tous les troubles que cette épidémie exerce sur les corps exposés à ses atteintes. Nous en avons une preuve dans l'inoculation, dont le principal avantage est d'affranchir les petites véroles qu'elle décide, du pouvoir étendu des constitutions épidémiques. On sait aujourd'hui, en effet, que ce qu'il importe le plus de considérer dans le traitement de la petite vérole, est l'espece

---

bitude, parle d'une femme attaquée depuis long-temps d'une toux habituelle qui fut combattue efficacement par les feignées au mois de Janvier, & qui demanda l'émétique au mois de Juillet, pendant lequel il parut un grand nombre de fievres gastriques. Je connois peu d'observations qui prouvent aussi directement l'influence des épidémies que celle que m'a communiqué mon brave ami M. *Cabibel*, D.M. & dont il a fait le sujet d'un Mémoire qu'il se propose d'adresser à la Société royale de Medécine. M. *Cabibel* a donc vu que durant une épidemie d'angines pituiteuses - gastriques, des maladies très-refractaires, telles que les écrouelles, sur lesquelles portent principalement ses observations, se guérissoient par les remedes convenables à l'épidémie, quoiqu'on eût auparavant mis en pratique les mêmes secours sans aucuns succès. Il semble d'après cette observation, que les épidemies impriment aux affections chroniques les plus rebelles, un caractere qui les rend susceptibles de ressentir l'effet de certains médicamens dont l'action fût demeurée nulle dans toute autre circonstance.)

de fievre épidémique avec laquelle elle se combine. Or en choisissant le temps le plus convenable pour l'inoculation, il est facile d'éloigner celle
de ces fievres dont la complication seroit dangereuse. Il en est de même lorsqu'il s'agit d'exciter une fievre par des moyens artificiels. La
prudence exige du Médecin qu'il écarte toutes les
maladies avec lesquelles la fievre a coutume de
coexister sous l'influence, ordinaire des constitutions épidémiques, & qu'il choisisse pour cela
un temps qui paroisse en être dégagé autant qu'il
est possible. Et cette précaution s'étend plus loin
qu'on ne le pense communément, & il est presque
nécessaire de l'observer en tout temps, puisqu'il seroit
difficile d'assigner un moment dans l'année où il ne
regne pas des constitutions épidémiques, quoique
l'opinion la plus générale soit de regarder les épidémies comme des phénomenes extrêmement
rares ; erreur dangereuse que M. *Plenciz* a relevé
avec beaucoup d'avantage. *Communis enim ,
dit il , nostris Practicis ea est sententia morbos
epidemicos de raris esse contingentibus , requirere
has causas aliquas singulares determinato in loco
accidentes epidemiamque producentes, ita ut epide-
mia & portentum illis synonima sint &c. ; hoc
utique indignationem movebit veritatis amanti ,
&c. act. & obs. med.*

Précautions relatives au sujet sur lequel on applique les moyens capables d'ex-citer la fievre.

Nous savons qu'en général l'application des
objets extérieurs de sensation donne des résultats
bien différens, selon la disposition différente des

fujets fur lefquels ils agiffent. Tous les moyens artificiels par lefquels on tâche d'exciter la fievre font des objets extérieurs de fenfation. Leur maniere d'agir ne fera donc pas la même, s'ils s'exercent fur deux corps différemment difpofés, & il faut bien connoître la conftitution individuelle de chacun, fi l'on veut apprécier, fans erreur, ce qu'ils feront dans tous les cas obfervables.

Et premiérement, il eft bien certain que chaque période de la vie, comme chaque faifon de l'année, difpofe les humeurs à telle ou telle efpece de dégénération déterminée. Ainfi l'altération muqueufe ou pituiteufe appartient à l'âge de l'enfance ; la dyathefe inflammatoire eft affectée à la jeuneffe ; la dégénération bilieufe prédomine dans l'âge viril ; enfin les humeurs, pendant la vieilleffe, font fujettes à fe convertir en férofité, ce qui donne lieu aux différentes cacochimies qui affiegent les hommes parvenus à ce période de fa vie. Il fuit de là, que les mêmes moyens employés dans l'intention d'exciter la fievre décideront une fievre pituiteufe chez un enfant, une fievre inflammatoire chez un jeune homme, une fievre bilieufe chez un homme d'un âge plus avancé, & une fievre lente chez un vieillard. Il faut donc tâcher de rendre nulles ces difpofitions différentes, afin de contenir, autant qu'il eft poffible, la fievre dans fon état de fimplicité & d'innocence, fuivant le précepte que nous venons d'énoncer. Pour cela il faut que les fujets auxquels on doit donner la fievre fubiffent des préparations relatives à leur âge & à leur conftitution individuelle. C'eft encore un nouveau point d'analogie entre les procédés ufités pour décider la fievre, & ceux que l'on met en ufage pour inoculer la petite vérole ; car l'inoculation demande auffi que l'on prépare les fujets fur lefquels on doit la pratiquer ; & la plus importante de ces préparations eft fans contredit d'écarter toutes les maladies affeétées à leur âge, ou qui découlent plus pofitivement de leur idiofincrafie particuliere.

Une autre précaution qu'il faut prendre, en excitant la fievre, concerne la foibleffe relative, dont certains organes, comparés aux autres, font affeétés dans chaque fujet ; il eft à craindre en effet, que la fievre établiffe fon foyer fur l'organe le plus foible , & qu'elle ait dès-lors des fuites plus ou moins funeftes, felon la nobleffe & l'importance de cet organe. Il faut donc bien chercher à connoître quelle eft cette partie relativement affoiblie, afin de la renforcer , avant de paffer à l'emploi des moyens capables d'exciter la fievre. La prudence exige même que l'on faffe marcher de concert avec ces moyens, les remedes propres à la fortifier, ou du moins à détourner d'elle les efforts des mouvemens fébriles, qui s'y porteroient comme vers un centre, à raifon de la débilité radicale dont elle eft atteinte.

Mais s'il eft néceffaire de confidérer l'état d'un ou de plufieurs organes en particulier, pour corriger leur foibleffe par des remedes convenables, il importe bien davantage encore de faire attention à l'état des forces de tout le corps en général, afin de voir fi elles font proportionnées aux efforts qu'on en attend, & fi elles peuvent fournir au cours total de la fievre, dont la durée comprend quelquefois un intervalle de temps confidérable. Le Médecin doit donc favoir mefurer l'intenfité des forces, & défigner le point au-delà duquel

elles deviendront infuffifantes. Il doit enfuite comparer la fomme des forces que poffede le corps,
avec l'énergie des mouvemens fébriles qu'il excite,
afin d'arrêter entre ces deux chofes une proportion
fixe & permanente, de maniere que l'une demeure
toujours au niveau de l'autre, & qu'elles fe balancent & s'équilibrent mutuellement : car fi les
efforts fébriles font trop violens, en comparaifon
des forces que la nature tient en fa puiffance, il
eft à craindre qu'ils prennent le deffus, & qu'ils
précipitent l'extinction complette de ces facultés
même, fans lefquelles leur développement eût été
impoffible ; & en effet, rien ne porte aux forces
une atteinte fi profonde, rien ne contribue fi puiffamment à les énerver & à les détruire, que la
fievre, pendant laquelle les mouvemens vitaux,
qui procedent avec douceur & modération dans
l'état ordinaire, fe fuivent & fe preffent avec un
défordre tumultueux, qui précipite & accélere le
moment de leur ruine.

Enfin, ce feroit pécher contre les loix de la
prudence, que de foumettre un fujet chez qui
quelques maladies ont paffé en habitude, à l'application de certains moyens incapables de décider des
mouvemens fébriles, fans rappeller la maladie
habituelle ; un corps affujetti de cette maniere à
reproduire toujours le même appareil de fymptômes morbifiques, fubordonne quelquefois à la
puiffance de cette difpofition individuelle, l'effet
de toutes les caufes d'excitation qui agiffent fur
lui ; en forte que les impreffions maladives qu'il
éprouve à l'occafion de ces caufes fe changent &
fe convertiffent toutes en celles qu'il a coutume de
reffentir : c'eft là ce qui rend fi fouvent incertain
le fuccès des procédés que l'on emploie pour pro-

duire la fievre , & ce qui avoit engagé M. *de Haën* à les placer dans le nombre des remedes extrêmes, dont l'ufage n'eft permis que dans les cas extrêmes : *ut extremis in morbis extrema tentuntur auxilia.*

Nous croyons avoir embraffé les précautions les plus générales & les plus néceffaires que l'on doive obferver , en excitant la fievre : nous ne fommes cependant peut-être pas entré dans tous les détails que comporte cet objet , parce qu'il y a bien d'autres précautions plus délicates , qui ne peuvent être faifies que par l'examen des cas particuliers , & dont la connoiffance fe manifefte facilement à le point du Praticien exercé , fans qu'il ait befoin d'appeller à fon aide un appareil déplacé de regles & de maximes. Telles font , par exemple , les précautions qui concernent les fymptômes & les accidens qui accompagnent la maladie primitive , ou ceux qui furviennent pendant la durée totale de la fievre ; car toute l'attention du Médecin doit fe porter à détourner ces accidens par les fecours appropriés , & à les combattre en eux mêmes , en arrêtant l'action des moyens fébriles , fuppofé que ces moyens puiffent renforcer les accidens dont nous parlons , & empêcher l'effet des remedes que l'on dirige contr'eux.

L'état du malade peut être regardé alors comme un état mixte qui réfulte , & de la maladie primitive , & des fymptômes étrangers ; en forte qu'en excitant la fievre , on doit avoir égard à la maniere dont ces deux élémens fe combinent , & difpofer ces moyens d'excitation d'après la connoiffance du rapport fous lequel ils fe trouvent affemblés , afin de ne pas mettre en ufage des procédés convenables à la nature de la maladie même , mais contraindiqués , par celle des fymptômes qui s'y joignent.

Jufqu'à-préfent nous n'avons examiné que les précautions auxquelles doit être foumis le deffein d'exciter la fievre , & nous n'avons rien dit de celles qui doivent régler l'intention où l'on eft quelquefois de la modérer. Celles-ci ne demandent pas d'être traitées avec la même étendue , parce qu'elles fe trouvent détaillées dans tous les ouvrages de Pratique , & que ces cas là font d'ailleurs de ceux qui fe préfentent communément : auffi n'eft-il point de Praticien qui ne fe foit trouvé dans la néceffité de mettre ces précautions en ufage , & qui dès-lors ne foit à portée de les connoître (1).

La premiere de ces précautions eft de s'affurer fi la fievre eft réellement dangereufe , par rapport à la maladie qu'elle accompagne , & s'il eft poffible d'éviter ces dangers en la modérant : la feconde Partie de notre Mémoire contient des regles capables de diriger la conduite du Médecin , relativement à cet objet. En fuppofant donc que la néceffité de modérer la fievre foit déjà bien établie , il ne refte plus qu'à affigner les précautions d'après lefquelles il faut difpofer les moyens convenables pour remplir cette vue.

Maintenant ces précautions peuvent , comme les précédentes , fe ranger fous plufieurs claffes générales. Les unes concernent la nature des remedes capables de modérer la fievre ; les autres fe rapportent au temps pendant lequel il convient de la modérer ; d'autres ont pour objet l'état de celui dont la maladie demande qu'on modere fes pernicieux efforts : toutes enfin font diverfement modifiées par les différentes efpeces de maladies fur

---

(1) Les ouvrages de *Morton* , *Torti* , & fur-tout celui de *Werloff*, ne laiffent rien à défirer fur ce point.

lefquelles la fievre femble avoir une influence plus ou moins dangereufe.

Précautions relatives à la nature des remedes capables de modérer la fievre.

C'eft une loi générale, & également applicable au traitement de toutes les maladies, que pour les combattre avec avantage, il faut attaquer la caufe même dont elles dépendent : une méthode curative qui s'attacheroit à détruire les accidens, en laiffant fubfifter fa caufe, feroit une méthode infuffifante, & manqueroit le but que fe propofe le Médecin, dans l'exercice de fon Art. Il n'y a donc de fecours curatifs convenables à une maladie ; il n'y a de moyens propres à diminuer fon intenfité, & à prévenir fes progrès, que ceux dont l'action fe dirige toute entiere contre la caufe qui l'entretient. Or, la fievre eft prefque toujours attachée à un état maladif qui en forme la portion la plus effentielle : dès-lors on ne peut adoucir & modérer la violence de fes mouvemens que par les remedes appropriés à la caufe qui les a fufcités, & qui renferme la raifon immédiate de ce qu'ils exiftent. La maniere de traiter, & par conféquent de modérer la fievre, refte toujours la même, foit qu'elle fe trouve jointe à une maladie chronique, foit qu'elle jouiffe d'une exiftence abfolue & indépendante de toute efpece d'union avec d'autres maladies étrangeres, puifque la forme, la tournure d'une maladie, ne change pas le fond du traitement, qui ne fe tire que de la caufe dont elle provient, laquelle peut donc indifféremment, ou demeurer dans fon état de plus grande pureté, & donner lieu à une fievre abfolument fimple, ou

fe joindre à d'autres maladies chroniques, avec
lefquelles fes phénomenes fe mêlent & fe tranf-
fondent. Une précaution néceffaire pour parvenir
à modérer la fievre eft donc de s'affurer d'abord
quelle eft la nature de cette caufe, & de choifir
enfuite les remedes auxquels on a reconnu la propriété d'attaquer cette caufe en elle même, & fans
avoir égard au caractere des mouvemens fébriles,
qui ne peuvent pas lui furvivre long-temps. Voilà
pourquoi, dans la premiere partie de notre Mémoire, nous difions qu'il n'eft pas poffible d'élever
une méthode générale de traitement qui convienne
à toutes les fievres (& cela doit s'entendre également de celles qui accompagnent les maladies
chroniques), parce que, difions-nous, le but
d'une méthode curative devant être d'attaquer,
dans fon principe ou dans fa caufe réelle, l'affection qu'on a deffein de détruire, il faut qu'elle foit
déterminée par la nature de cette caufe, & qu'elle
varie dès-lors fuivant la diverfité des modifications
corporelles, auxquelles fes mouvemens répondent.
Voy. pag. 31. Il faut donc qu'il y ait autant de
méthodes différentes, qu'il y a de caufes capables
d'exciter & d'entretenir la fievre qu'on fe propofe
de modérer ; & la premiere des précautions confifte à choifir celle de ces méthodes qui paroît la
plus directe & la plus sûre.

Ce n'eft qu'après avoir diffipé, ou fenfiblement
énervé la caufe productrice de la fievre, qu'il eft
permis de tourner fes vues contre elle-même, en
l'attaquant par les fébrifuges, proprement dits :
mais pour cela il faut bien faire attention au type
& à la marche que la fievre fuit, dans fon développement ; car l'adminiftration des fébrifuges doit
être fubordonnée à des regles bien différentes,

fuivant la nature de ce type ; & la maniere de les employer dans une fievre intermittente, n'eſt point celle qui conviendroit à une fievre continue. Il y a cependant certaines précautions générales & importantes, qui doivent s'appliquer indiſtinctement à tous les cas, & qu'il eſt bon de rappeller ici. Elles conſiſtent, 1º. à laiſſer de côté les moyens qui agiſſent bruſquement & tout d'un coup, parce qu'il eſt dangereux qu'en ſupprimant la fievre par un effort trop précipité, on n'amene tous les accidens qui ſont attachés à la ſuppreſſion mal entendue des fievres intermittentes ; 2º. à ménager l'action des remedes dont on a fait choix, en les diſtribuant de maniere qu'ils ne ſoient pleinement reſſentis par la nature, que lorſqu'elle eſt, pour ainſi dire, préparée à ce qui doit ſuivre leur impreſſion : 3º. à préférer toujours les moyens qui peuvent réparer les ravages qu'a fait la fievre, en même temps qu'ils s'oppoſent à la continuité & à l'augmentation de ſes progrès : 4º. à proportionner la force & l'adminiſtration de ces ſecours à l'intenſité & à la longueur des accès fébriles ; car M. *Werloff* a obſervé que les fébrifuges, quels qu'ils ſoient, ajoutent à la violence de la fievre, s'ils ſont donnés à doſes incomplettes ; en ſorte que l'excès en *plus* eſt, dans ce cas, mieux entendu que l'excès en *moins*, dont rien ne peut prévenir les ſuites fâcheuſes.

Précautions qui ſe rapportent au temps pendant lequel il convient de modérer la fievre.

Il n'y a gueres que le cas des fievres pernicieuſes qui permette au Médecin de s'oppoſer de front à la fievre , & d'avoir recours aux remedes décidément fébrifuges , dès le début de ses accès , parce que les symptômes alarmans dont s'accompagnent ces sortes de fievres ne laissent aucun espoir sur le sort du malade , & forment une indication urgente qui demande à être remplie , avant même que l'on ait essayé de détruire la cause prochaine de leur existence. Mais il en est bien autrement , lorsqu'il s'agit des fievres qui se joignent pour l'ordinaire aux maladies chroniques : comme ces fievres là marchent assez paisiblement , & comme leur intensité , assez généralement proportionnelle à l'énergie de la cause dont elles dépendent , ne présente rien de menaçant , il est bien plus naturel de diriger les premiers efforts de l'Art contre cette cause , & de l'affoiblir par des remedes appropriés , avant de passer à ceux qui ont un pouvoir direct sur la production des mouvemens fébriles. Il faut donc que la cause de la fievre soit en quelque sorte énervée , & réduite à l'état de sa plus grande innocence , pour que l'on puisse placer les moyens qui vont plus sûrement à tempérer son activité. C'est le seul temps où il convienne de les employer. *Sydenham* observoit cette regle par rapport à toutes les fievres , soit qu'elles marchassent seules & indépendantes de complications , soit qu'elles fussent unies à d'autres maladies particulieres. *Curandum est ante omnia , dit-il en parlant de l'administration du kina , ne hic cordex ingeratur , ante scilicet quàm morbus suo se marte aliquantisper protriverit ; nisi collabescentes & jam fractæ ægri vires eumdem temporis suggerendum esse dictaverint.* Cette précaution indispensable , pour mettre les fievres en voie de terminaison , a de plus l'avantage parti-

culier de difpofer le corps à reffentir avec plus
de fruit l'action des médicamens , qui doivent
exercer fur elles-mêmes un empire plus immédiat
& plus abfolu. *Torti* regardoit cet avantage-là
comme un des plus précieux & des plus réels de
ceux qu'il attendoit des faignées & des purgatifs ,
dont il faifoit quelquefois précéder l'ufage du kina.
*Quin & ad meliorem forfan difpofitionem pro
fufcipiendâ febrifugi actione , poffe priùs alvum
leniri & venam fecari. Thérap. fpec. , pag. 99.*

Il eft bien certain que cette difpofition eft toujours nécéffaire , pour qu'il ne refte aucune incertitude fur le fuccès des fébrifuges , & que dès lors
le temps où cette difpofition paroît être le mieux
établie , eft auffi celui où il eft le plus convenable
de modérer la fievre. Il eft donc toujours utile de
confacrer les premiers temps de la maladie à mettre
le corps dans cette difpofition par les remedes
indiqués pour cela , & de n'agir qu'après fur les
mouvemens fébriles eux-mêmes ; car ce travail
feroit abfolument nul dans un autre temps où
cette difpofition n'exifteroit pas , & il rendroit
peut-être la fievre plus dangereufe & plus in-
domptable , en irritant la nature par des efforts
fuperflus , loin de la calmer , en lui oppofant
d'inutiles obftacles. Il fuit encore de là qu'il faut
en général refpecter le moment où la fievre touche
à fa plus grande intenfité , & qu'il faut attendre
qu'elle ait perdu quelque chofe de fa vigueur,
& que les forces foient un peu revenues à leur
mode naturel de diftribution , pour mettre en
pratique les moyens dont nous tâchons ici de régler prudemment l'ufage. Il feroit également dangereux de s'en fervir , & dans l'inftant du paroxyfme , fi la fievre eft intermittente, & pendant

le fort de l'accès, si la fievre est continue.

La troisieme classe de précautions tient de trop près au détail, pour que l'on entreprenne de la faire connoître dans toutes ses parties : l'âge, le tempérament, le sexe, & les habitudes du malade, doivent éclairer le Médecin, dans le choix qu'il fait des moyens propres à modérer la fievre, & dans la maniere dont il les distribue & les applique. Mais on ne peut établir là dessus que des regles *d'exception* qui varient à raison des circonstances, & qui ne peuvent être bien saisies que par l'examen des cas particuliers. Cependant, il en est une assez générale pour que l'on doive l'eriger en loi ; c'est qu'il faut prendre garde d'affoiblir & d'énerver les forces appliquées à produire la fievre, au point de les rendre insuffisantes pour combattre ensuite la maladie chronique, qui subsiste encore quelquefois longs-temps après l'extinction complette des phénomenes fébriles. Enfin, il est aussi de la plus grande importance de considérer si dans le nombre des symptômes qui accompagnent la maladie principale, il n'y en a pas quelques-uns par rapport auxquels la suppression de la fievre seroit funeste. Or, c'est un point que nous devons avoir suffisamment éclairci, dans la seconde Partie de notre Mémoire, & sur lequel il seroit difficile, ou du moins inutile d'insister davantage.

J'ai tâché d'exposer des idées claires & nullement hypothétiques, sur la nature de la fievre, & sur celle des maladies chroniques ; & en faisant l'application de ces idées, j'ai essayé de déterminer avec justesse & précision quelles sont, dans la classe entiere des maladies chroniques, celles qui ont des avantages ou des dangers à attendre de la fievre, & d'assigner ensuite quels sont, parmi les temps divers dont chaque maladie eſt compoſée , ceux pour leſquels ce ſymptôme ſeroit favorable ou funeſte. Il ſuit de ces recherches, que le nombre des maladies relativement auxquelles la fievre ſemble être nuiſible, l'emporte de beaucoup ſur le nombre de celles qui ſont ſoulagées par ſes efforts. Il ſuit encore que l'application des moyens propres à exciter la fievre eſt équivoque dans tous les cas, ſi elle n'eſt ſubordonnée à des regles invariables de précaution & de prudence, parce qu'il eſt toujours à craindre qu'en décidant la fievre, on ne détermine des maladies fort différentes, avec leſquelles la fievre a coutume de co-exiſter. Cette diſtinction importante embraſſe, ſi je ne me trompe, tous les rapports d'influence de la fievre ſur les maladies chroniques, & elle me paroit répondre avec avantage à toutes les parties de la queſtion que l'on nous propoſe de réſoudre, puiſque d'un autre côté elle nous fait ſentir la néceſſité où nous ſommes d'établir des regles fixes & certaines, au moyen deſquelles nous puiſſions diriger & circonſcrire à notre gré l'étendue de cette influence.

F I N.

POST SCRIPTUM.

SI j'avois cru que la *Société Royale de Médecine fût dans l'uſage de faire imprimer les Mémoires qu'elle couronne, j'aurois reſpecté les droits de propriété excluſive que cette intention lui donne ſur eux, & je me ſerois bien gardé de céder aux inſtances de mes amis, qui me preſſoient de livrer*

le

*le mien à l'impreſſion. Mais j'ignorois tout cela,
lorſque j'ai pris, avec un Libraire de Montpellier,
des engagemens, par leſquels il s'eſt trouvé in-
téreſſé à en précipiter le travail. Il étoit déjà fort
avancé, quand je reçus, vers la fin du mois
d'Avril, la réponſe de M. Vic-d'Azir, à la lettre
par laquelle je réclamois mon manuſcrit. L'illuſtre
& ſavant Secrétaire de la Société m'annonçoit
que tous les Mémoires couronnés au jugement
de cette Compagnie lui appartiennent en propre,
& qu'elle les deſtine à être inſérés dans le Recueil
particulier de ſes Œuvres. C'eſt avec peine que je
me ſuis vu dans l'impoſſibilité de lui donner une
preuve de ma gratitude & de mon reſpect, en me
conformant aux intentions que cet avertiſſement
m'a fait connoître trop tard. J'aime à croire
cependant qu'elle ne me ſaura pas mauvais gré
d'une faute commiſe par une erreur involontaire,
& qui me ſervira d'inſtruction pour l'éviter doré-
navant, ſi j'ai le bonheur d'être encore placé par
le ſort des concours, dans la circonſtance ſatis-
faiſante qui m'en a rendu coupable cette fois. Du
réſte, les Auteurs qui ſeront dans le même cas,
loin de ſe prévaloir de mon exemple, pour s'affranchir de la loi dont je m'écarte en cette occaſion, ne doivent au contraire y voir qu'un motif
de condamnation d'autant plus légitime, s'ils
étoient tentés de l'imiter, qu'ils trouveront dans
ce petit avertiſſement un témoignage authentique
contre l'ignorance d'un uſage & d'un droit dont
la déclaration n'exiſte, je crois, nulle part d'une
maniere auſſi formelle.*

EXTRAIT DES REGISTRES

De la Société Royale des Sciences de Montpellier.

MESSIEURS Fouquet & Brouſſonet, qui avoient été nommés pour examiner un Écrit de Mr. Dumas, Docteur en Médecine de la Faculté de Montpellier, qui a pour titre : *Mémoire couronné par la Société Royale de Médecine de Paris, dans lequel, après avoir exposé les idées générales que l'on doit ſe former ſur la fievre, &c., on tâche de déterminer dans quelles eſpeces & dans quel temps des maladies chroniques la fievre, &c.,* en ayant fait leur rapport, la Compagnie a jugé que ce Mémoire, qui a paru juſtifier complérement le jugement avantageux qu'en a déjà porté la Société Royale de Médecine, méritoit d'être imprimé ſous le privilege de la Société Royale des Sciences. En foi de quoi j'ai ſigné le préſent Certificat. A Montpellier.

DE RATTE
Secrétaire Perpétuel de la Société
Royale des Sciences.

PRIVILEGE DU ROI.

LOUIS, par la grace de Dieu, Roi de France & de Navarre, à nos amés & féaux Conseillers, les Gens tenans nos Cours de Parlement, Maîtres des Requêtes ordinaires de notre Hôtel, grand Conseil, Prévôt de Paris, Baillis, Sénéchaux, leurs Lieutenans Civils, & autres nos Justiciers qu'il appartiendra : SALUT. Nos biens amés les Membres de l'Académie Royale des Sciences de Montpellier, nous ont fait exposer qu'ils auroient besoin de nos Lettres de privilège pour l'impreſſion de leurs Ouvrages ; A CES CAUSES, voulant favorablement traiter les Expoſans, nous leur avons permis & permettons par ces préſentes, de faire imprimer par tel Imprimeur qu'ils voudront choiſir, toutes les recherches & obſervations journalieres, ou relations annuelles de tout ce qui aura été fait dans les aſſemblées de ladite Académie Royale des Sciences, les Ouvrages, Mémoires ou Traités de chacun des Particuliers qui la compoſent, & généralement tout ce que ladite Académie voudra faire paroître, après avoir fait examiner leſdits Ouvrages, & jugé qu'ils ſont dignes de l'impreſſion, en tels volumes, forme, marge, caractere, conjointement ou ſéparément, & autant de fois que bon leur ſemblera, & de les faire vendre & débiter par-tout notre Royaume pendant le temps de vingt années conſécutives, à compter du jour de la date des Préſentes, ſans toutefois qu'à l'occaſion des Ouvrages ci-deſſus ſpécifiés, il en puiſſe être imprimé d'autres qui ne ſoient pas de ladite Académie ; faiſons défenſes à toutes ſortes de perſonnes, de quelque qualité & condition qu'elles ſoient, d'en introduire d'impreſſion étrangère dans aucun lieu de notre obéiſſance ; comme auſſi à tous Libraires, Imprimeurs, d'imprimer ou faire imprimer, vendre, faire vendre & débiter leſdits Ouvrages en tout ou en partie, & d'en faire aucune traduction ou extrait, ſous quelque prétexte que ce puiſſe être, ſans la permiſſion expreſſe deſdits Expoſans, ou de ceux qui auront droit d'eux, à peine de confiſcation deſdits exemplaires contrefaits, de trois mille livres d'amende contre chacun des Contrevenans, dont un tiers à Nous, un tiers à l'Hôtel-Dieu de Paris, & l'autre tiers auxdits Expoſans, ou à celui qui aura droit d'eux, & de tous dépens, dommages & interêts ; à la charge que ces préſentes ſeront enrégiſtrées tout au long ſur le regiſtre de la Communauté des Imprimeurs & Libraires de Paris, dans trois mois de la date d'icelles ; que l'impreſſion deſdits Ouvrages ſera faite dans notre Royaume, & non ailleurs, en beau papier & beaux caractères, conformément aux Réglemens de la Librairie ; qu'avant de les expoſer en vente, les manuſcrits ou imprimés qui auront ſervi de copies à l'impreſſion deſdits ouvrages, ſeront remis ès mains de notre très-cher & féal Garde des Sceaux de France, le Sieur HUE DE MIROMENIL ; qu'il en ſera enſuite remis deux exemplaires dans notre Bibliothèque publique, un dans celle de notre Château du Louvre, un dans celle de notre cher & féal Chevalier, Chancelier de France, le Sieur

(112)

de MAUPEOU, & un dans celle dudit Sieur HUE DE MIROMSNIL ;
le tout à peine de nullité defdites Préfentes; DU CONTENU defquelles
vous MANDONS & enjoignons de faire jouir lefdits Expofans & leurs
ayans caufe, pleinement & paifiblement, fans fouffrir qu'il leur foit
fait aucun trouble ou empêchement. VOULONS que la copie des
préfentes, qui fera imprimée tout au long au commencement ou à
la fin defdits ouvrages, foit tenue pour duement fignifiée, & qu'aux
copies collationnées par l'un de nos amés & féaux Confeillers &
Secrétaires, foi foit ajoutée comme en Original. COMMANDONS au
premier notre Huiffier ou Sergent fur ce requis, de faire, pour
l'exécution d'icelles, tous actes requis & néceffaires, fans demander
autre permiffion, & nonobftant clameur de Haro, Charte Normande,
& lettres à ce contraires. CAR tel eft notre plaifir. DONNÉ à Verfailles
le trente-unième jour d'Octobre, l'an de grace mil fept cent
quatre-vingt-un, & de notre règne le huitième. Par le ROI, en
fon Confeil.

Signé, LE BEGUE.

*Regiftré fur le Regiftre XXI. de la Chambre Royale & Syndicale
des Libraires & Imprimeurs de Paris n°. 2531, fol. 586, conformément aux difpofitions énoncées dans le préfent Privilége, & à la
charge de remettre à ladite Chambre les huit Exemplaires prefcrits
par l'article CVIII du Réglement de 1723. A Paris ce 12
Novembre 1781.*

LECLERC, Syndic; figné.

De la part de l'aut